Helmut Vorndran, geboren 1961 in Bad Neustadt/Saale, lebt mehrere Leben. Als Kabarettist, Unternehmer und Buchautor. Als überzeugter Franke hat er seinen Lebensmittelpunkt ins Bamberger Land verlegt und arbeitet als freier Autor unter anderem für Radiosender wie Antenne Bayern oder für das Bayerische Fernsehen. Im Emons Verlag erschienen »Das Alabastergrab« und »Blutfeuer«.

Dieses Buch ist ein Roman. Handlungen und Personen sind frei erfunden. Ähnlichkeiten mit lebenden oder toten Personen sind rein zufällig.

HELMUT VORNDRAN

Tot durch Franken

MORDSGESCHICHTEN

Aus dem Fränkischen übersetzt
von Helmut Vorndran

emons:

© Hermann-Josef Emons Verlag
Alle Rechte vorbehalten
Umschlagfoto: photocase.de/***jojo
Umschlaggestaltung: Tobias Doetsch
Druck und Bindung: CPI – Clausen & Bosse, Leck
Printed in Germany 2011
ISBN 978-3-89705-895-8
Originalausgabe

Unser Newsletter informiert Sie
regelmäßig über Neues von emons:
Kostenlos bestellen unter
www.emons-verlag.de

Inhalt

Der Mord	6	**Zugabe**	
Fishing for Compliments	8	Der Neuling	228
Rien ne va plus	11	Der Jahreskreis	229
Sitzfleisch	16	Muttertag	231
Die untreue Kaiserin	21	Der Franke	233
Das Weihnachtsbrikett	25	Die Fränkin	235
Steigerwald	78	Leib und Seele	236
Die andere Sicht	83	Für M.	238
Martin und Dorothe	89	Hochfranken	240
La Stazione	94	Grenzland	241
Familienleben	102	Heilige Wandlung	242
Einzel-Fall	107	Berufung	243
Eifersüchtige Volksweise	112	Die teure Kette	244
Alien	114	Markt Rattelsdorf	246
Die Wasserleiche	119	Der Angler	247
Dreizehn	121	Bedient	250
Miss Trauisch	125	Die Rache des Literaten	252
Das Motiv	131	Das Ende	254
Die Frankenbande	133		
Rotgelegt	138		
Geschäftstüchtig	150		
Schulbeginn	153		
Die Pubertäterin	156		
Der Nußhardt	174		
Vogelfrei	182		
Sticheleien	187		
Das Zeitloch	189		
Helau	193		
Ärbed	202		
Alles auf Anfang	206		

Der Mord

Ein Mord wird erst als Mord benannt,
wenn es die Kripo so erkannt.
Doch was fehlt, Sie wissen schon,
ist die exakte Definition.

Deswegen hier gleich zu Beginn
schreiben wir's in Amtsdeutsch hin:

§ *Ein Mord dem Menschen das Leben raubt*
und ist grad deshalb nicht erlaubt.
Ein Mord macht Ärger, er macht Dreck,
und keiner räumt ihn wieder weg.
Drum wird hier amtlich festgestellt,
ein Mord ist nichts, was uns gefällt. § ...

... höchstens, er ist spannend, witzig,
dann liest man hier bis Leiche vierzig ...

Wer gestorben ist,
hat es nicht anders verdient.
Papst Pius IV.

Fishing for Compliments

Die Finanzkrisen dieser Welt und die des fränkischen Gastgewerbes schienen an Hippolit Schneiderbanger abzuperlen wie die Regentropfen des heftigen Gewitters, das sich gerade über ihm und seinem Karpfenteich entlud. Lächelnd blickte er in die von Blitzen hell erleuchtete Nacht und zog seinen braunen Regenmantel am Kragen etwas fester zu. So ein Sauwetter focht ihn nicht an, da hatte er schon ganz andere Klippen im Leben gemeistert. Andere Wirte hätten an seiner Stelle schon längst aufgegeben und für immer zugesperrt.

Aber nicht er, nicht Hippolit Schneiderbanger. Selbst in den Stunden größter Not war ihm immer etwas eingefallen. Mit ein bisschen Nachdenken und Kreativität hatte er sich stets wieder hochgearbeitet. Und jetzt war aus der beruflichen Durchschlagübung endlich ein richtiger Platz an der Sonne geworden. Hippolit Schneiderbanger hatte es geschafft.

Während er auf seiner alten Eichenbank das Ende des Unwetters abwartete, ging er im Geiste die Geschäftsbilanz dieses Sommers durch. Wieder hatte er alle Rekorde gebrochen. Seine Karpfen waren die schönsten, größten und noch dazu schmackhaftesten, die ganz Franken zu bieten hatte. Mittlerweile trafen Anfragen von Gourmets aus aller Welt bei ihm ein. Preislich näherten sich Hippolit Schneiderbangers Karpfen bereits dem belgischen Trüffel, und es häuften sich die Besuchergruppen aus dem Außerfränkischen, die seine sagenumwobenen Teiche bei Bamberg begutachten wollten. Mehr Touristenandrang verzeichnete bestenfalls das Schloss Neuschwanstein oder der Reichstag in Berlin.

Natürlich waren auch viele Spione unter den Gästen, die wissen wollten, womit der oberfränkische Karpfenmeister seine Lieblinge zu solchen Delikatessen heranfütterte, aber die Antwort wusste Hippolit Schneiderbanger geschickt zu umgehen. Er hatte zwar keinen höheren Schulabschluss, aber er war auch nicht blöd. Im Gegenteil: Schon immer hatte er das Nützliche mit dem Notwendigen zu verbinden gewusst. Man musste eben kreativ sein.

Auch heute war wieder eine Besuchergruppe aus dem Ausland zu Besuch. Fünf Schweizer Starköche aus St. Moritz hatten sich nicht abhalten lassen, erst mit leuchtenden Augen Schneiderbangerkarpfen in seiner Gaststube zu verspeisen und dann mit dem Karpfenmeister selbst einen der berühmten Teiche zu besuchen. Und zwar nachts, wie es bei Schneiderbanger üblich war. Selbst das unglaubliche Sauwetter hatte die Gäste nicht davon abhalten können.

Hippolit Schneiderbanger blickte auf seine Uhr. Es war kurz vor Mitternacht, nasskalt und an der Zeit. Er stand auf und betrachtete die fünf Schweizer, die betäubt neben ihm auf seiner langen Holzbank zusammengesunken waren. Um jeden Eidgenossen hatte er wie gewohnt eine schwere Eisenkette mit dazugehörigem Sandstein gewickelt.

Wieder lächelte Hippolit Schneiderbanger. Auf Schweizer standen seine Karpfen besonders. Die waren nicht so fett wie beispielsweise Amerikaner. Oder Engländer. Von Letzteren gab es ja Exemplare, denen konnte man nur wünschen, sie würden so alt werden, wie sie aussahen. Die waren jedenfalls ungeeignet für die Premiumernährung seiner Lieblinge. Aber Schweizer waren gut, die gab es nur an ausgesuchten Tagen.

Als er dem ersten Schlafenden in der Reihe einen kurzen Tritt mit seinem Gummistiefel versetzte, rutschte der Fernsehkoch Franz Rübli aus Bern von der regennassen Bank und verschwand mit einem schmatzenden Geräusch im dunklen Wasser des Teiches.

Hippolit war zufrieden. Das würde bis zum nächsten Wochenende reichen. Dann kamen Chinesen aus Peking, die er an seine Enten verfüttern würde.

Peking und Ente, das passte einfach besser.

Bigamie bedeutet, eine Frau zu viel zu haben.
Monogamie bedeutet dasselbe.
Oscar Wilde

Rien ne va plus

Beinah lautlos schlich er sich aus dem Haus und schloss die Eingangstür leise, mit einem fast unhörbaren Klicken, hinter sich. Inzwischen hatte er Übung darin, Türen geräuschlos zu öffnen oder zu schließen. So, wie er es auch zur Perfektion im Unbemerkt-aus-dem-Bett-Steigen gebracht hatte. Und im Im-Morgengrauen-wieder-ins-Haus-kommen-ohne-dass-Mandy-etwas-merkt-Planen war er mittlerweile genauso gut.

Mandy war seine Frau. Seit fast vier Jahren. Extra wegen ihm war sie von Leipzig nach Zapfendorf gezogen. Er hatte ihr mit den unglaublichen Vorzügen des Frankenlandes den Mund wässrig gemacht. Und es war ja auch schön. Im Sommer, wenn die Biergärten geöffnet waren, die Natur erblühte und man wunderbare Ausflüge ins Obermaintal unternehmen konnte oder wenn man auch nur im eigenen Garten saß und mit einem Bier in der Hand die vorbeigehenden Zapfendorfer grüßte. Ja, dann war Franken schön. Aber nicht im Winter. Spätestens im November war der Spaß vorbei. Ab November fand Franken drinnen statt: vor dem Fernseher, in der Wirtschaft oder vor dem in der Wirtschaft stehenden Fernseher.

Kinder hatten sie keine. Mandy wollte noch Karriere machen, es zu etwas bringen. Sie sagte, mit einunddreißig Jahren müsse man heutzutage noch nicht Mutter werden. Da könne man noch etwas lernen, sich weiterbilden. Ihm hingegen war das nicht so klar gewesen. Er dachte, sie wäre mehr so klassisch drauf. So 'ne verdammt Hübsche aus dem Osten, die froh war, einen gestandenen Franken gefunden zu haben, der ordentliches, sicheres Geld verdiente. »In Bamberch bei die Bosch.«

Doch Mandy wollte sich nicht mit der traditionellen Mutterrolle abfinden. Bereits seit zwei Jahren lernte sie nun für ihr Ingenieurstudium. Ihr Spezialgebiet waren ferngesteuerte, integrierte elektronische Schaltkreise auf Mikroplatinen. Die hatten es ihr irgendwie angetan. Außerdem machte sie gerade ein

Praktikum bei der Deutschen Bahn. Was er so hörte, war sie richtig gut in dem, was sie tat.

Als er sie mal beiläufig fragte, wie sie denn ausgerechnet auf so etwas Abgefahrenes wie ferngesteuerte, integrierte elektronische Schaltkreise gekommen war, hatte sie lächelnd geantwortet: »Nur durch dich, mein Goldstück.« Erklärt hatte sie ihm ihre Antwort nicht, sondern ihm nur einen langen Kuss gegeben und wieder eins ihrer dicken Fachbücher aufgeschlagen und weitergelernt.

Aber so hatte er nicht gewettet, so hatte er sich eine Ehefrau nicht vorgestellt.

Außerdem lief im Bett auch nichts mehr. Die Schnecke nahm sich tatsächlich heraus, ihn abzuweisen. Das musste man sich mal vorstellen! Da kam er von der Arbeit völlig erledigt heim, von der Schicht »bei die Bosch«, früh um halb vier, und sie hatte keine Lust.

Sie sei müde, müsse ausschlafen. Und wenn überhaupt, dann solle er sich gefälligst wenigstens vorher duschen. Das musste man sich mal vorstellen, duschen! Um halb vier, mitten in der Nacht. Und nur, um ein Mal kurz drüberzusteigen!

Ja, wo simmer denn!, dachte er sich. Nicht mit mir, Frau Ingenieur, nicht mit mir.

Seit einem Jahr schlich er sich nun schon unbemerkt aus dem Haus, wenn sie pennte, denn er hatte keine Nachtschicht mehr.

Genauer gesagt hatte er überhaupt keine Arbeit mehr. Diese Drecksfinanzkrise. Man hatte ihn »bei die Bosch« rausgeschmissen, aber davon musste seine Frau ja nichts wissen. Er kriegte schließlich Arbeitslosengeld, erst mal wenigstens.

Auf dem Arbeitsamt, draußen auf der Wartebank, da hatte er sie dann kennengelernt. Rosemarie. Rosemarie aus Unterbrunn. Ledig, gut gebaut, aber ein bisschen wenig Wasser in der Schüssel. Also, sie war nicht direkt blöd, aber ein Schafwollpullover hatte wahrscheinlich eine schnellere Auffassungsgabe als sie. Also gut, in Wirklichkeit war Rosemarie dumm wie Bohnenstroh, aber sie wohnte allein, war willig und hatte immer Zeit für ihn. Eigentlich war sie nur auf dieser Welt, um ihn zu empfangen, wenn er mal wieder heimlich von zu Hause abgehauen war. Rosemarie war ein absoluter Glücksgriff, ein Volltreffer. Und bis Unterbrunn waren es gerade mal vier Kilometer. Ha, ein Klacks.

Und Mandy?

Ein hochintelligentes Weibchen, aber für den Alltag völlig untauglich. Von ihrer bescheuerten Lernerei war sie immer so kaputt, dass sie vermutlich selbst dann weitergeschlafen hätte, wenn ein Mähdrescher aus Ebensfeld durchs Zimmer gerauscht wäre. Wenn sie müde war, nickte sie auch oft am Schreibtisch ein. Vor allem in letzter Zeit, während sie an ihrer Semesterarbeit bastelte. An irgendeinem schwarzen Kästchen mit haufenweise Lötstellen und hochkompliziertem Innenleben. Auch gut, die Semesterarbeit war ihr Problem. Er jedenfalls würde jetzt wieder Rosemarie in Unterbrunn beglücken. Er hatte sich angewöhnt, den Opel immer ein bisschen entfernt vom Haus zu parken, damit Mandy nicht aufwachte, wenn er den Motor startete. Ha, es war der schiere Wahnsinn, was er für eine Potenz hatte! Wenn er nur an Rosemarie dachte, hatte er schon ein Zelt in der Unterhose. Es wurde Zeit.

Am Ortsende von Zapfendorf überquerte er wie immer die Bahnlinie, als plötzlich der Motor zu stottern begann. Nach einigen Sekunden erstarb er. Das durfte doch wohl nicht wahr sein! Er versuchte erneut zu starten. Nichts, der Motor tat keinen Mucks. Verzweifelt stützte er die Stirn aufs Lenkrad und betrachtete sein zusammenfallendes Unterhosenzelt. Es half nichts, er musste aussteigen und die Karre vom Gleis schieben.

Opel! Bis heute kapierte er nicht, warum man eine Firma wie diese unbedingt retten sollte. Seine linke Hand zog am Türöffner. Nichts. Er rüttelte mit beiden Händen daran. Keine Chance.

Leicht verunsichert probierte er der Reihe nach alle Türen durch – sogar die Fensterheber. Nichts funktionierte. Was sollte der Scheiß? Er atmete tief durch und zog das Handy heraus. Am besten rief er Rosemarie an und gab ihr Bescheid, dass er heute später kam. Als er ihre Nummer wählen wollte, nahm das Telefon seine Eingabebefehle nicht an, stattdessen erschienen Großbuchstaben auf dem Display: »VERGISS ES.« Unter den Worten lief eine Zahl im Sekundentakt rückwärts: 27, 26, 25 …

Während er noch verblüfft grübelte, was das bedeuten mochte, sah er von links Lichter näher kommen. Sehr schnell näher kommen. Panisch rüttelte er an der Wagentür.

Wie gewohnt wollte Zugführer Bernhard Wülst die Geschwindigkeit vor dem Bahnhof Ebing drosseln, um dann anzuhalten. Wahrscheinlich stieg in diesem gottverlassenen Kaff sowieso wieder niemand aus, geschweige denn ein. Aber das war ihm egal: Fahrplan war Fahrplan.

Aber irgendetwas stimmte nicht. Er zog an allen Hebeln, ohne dass der Zug auf seine hektischen Bewegungen reagierte. Mit voller Geschwindigkeit donnerte der Interregio durch den kleinen Provinzbahnhof Ebing und an der offiziellen Haltestelle vorbei.

Während Bernhard Wülst noch panisch überlegte, wie er den Zug stoppen sollte, tauchten vor ihm im Nebel bereits die ersten Zapfendorfer Häuser auf. Auch hier hätte er eigentlich halten müssen, aber er konnte anstellen, was er wollte, der Zug reagierte einfach nicht. Mit Höchstgeschwindigkeit raste er durch Zapfendorf.

Plötzlich sah er in circa hundert Metern Entfernung ein Auto auf den Gleisen stehen. Verdammt! Reflexartig hieb er mit aller Kraft auf den großen roten Knopf der Notbremse. Und siehe da, plötzlich leuchtete der Bildschirm der Steuerung auf. Erleichtert atmete er auf.

Aber er spürte, dass der Zug nicht langsamer wurde. Gleich würde er in das Auto auf den Gleisen rasen. Verzweifelt schlug er mit der Faust ein letztes Mal auf den Knopf, als das Display etwas anzeigte. »VERGISS ES«, konnte er in Großbuchstaben lesen.

Das quälende Krachen war in ganz Zapfendorf zu hören, als der Interregio den Opel in die Schienen malmte. Mandy schloss das Fenster, legte das schwarze Kästchen mit den integrierten elektronischen Schaltkreisen auf die Seite und warf sich fröhlich zu dem Mann mit den grau melierten Schläfen aufs Bett.

»Und, hab ich bestanden?«, fragte sie.

Es gibt zwei Möglichkeiten,
Karriere zu machen:
Entweder leistet man wirklich etwas, oder
man behauptet, etwas zu leisten.
Ich rate zur ersten Methode,
denn hier ist die Konkurrenz
bei Weitem nicht so groß.
Danny Kaye

Sitzfleisch

Michael Hoffmann war fast fertig. Zwei seiner Handwerker verteilten noch ein letztes Mal Möbelpolitur auf den edlen Flächen, um der Holzmaserung den finalen Glanz zu verleihen.

Das Holz allein hatte schon ein Vermögen gekostet. Orinoco Palisander vom oberen Amazonas. Ein unglaublich schöner Anblick und so ziemlich das Umweltschädlichste, was man an Holz in Europa verbauen konnte. Aber das war seinem Chef egal. Orinoco Palisander war selten, teuer und genau das Richtige zum Angeben. Als stellvertretender Insolvenzverwalter bei Karstadt brauchte man schließlich etwas zum Angeben.

Denn mit der Firma als solche war längst kein Staat mehr zu machen. Der Beliebtheitspegel des ehemals renommierten Namens bewegte sich etwa auf gleichem Niveau wie die Schweinegrippe oder Dieter Bohlen. Es gab nicht viel auf dieser Welt, was diese bodenlos schlechten Werte noch unterbieten konnte.

Der stellvertretende Insolvenzverwalter Berthold Gnoche erfüllte diese Aufgabe indes ohne große Mühe. Er hatte in dem ganzen Konkursverfahren nie vorgegeben, irgendetwas oder -jemanden retten zu wollen. Er war hier, um abzuwickeln. Kostengünstig, rücksichtslos und schnell.

Der Letzte, der gehen musste, war Michael Hoffmann aus Coburg. Der Innenarchitekt hatte das Domizil des Bürokratenkraken Gnoche neu zu gestalten – und dann die Fliege zu machen. Zu gehen und für immer die Tür hinter sich zu schließen. Dann würde Berthold Gnoche endlich allein in seinem leeren, abgewickelten Kaufhaus sein und konnte die Immobilie möglichst schnell und gewinnbringend weiterverscherbeln. Wahrscheinlich würde sich der korrupte Schleimer von irgendeinem iranischen Teppichhändler bestechen lassen, die ganze Angelegenheit als erledigt betrachten und sich dann auf die nächste Insolvenzmasse stürzen, dachte Hoffmann.

Der Innenarchitekt war auch nur noch hier, weil Gnoche im Arbeitsvertrag Hoffmanns eine Rechtsklausel gefunden hatte, die den Architekten tatsächlich dazu zwang, drei weitere volle

Monate für Nüsse zu arbeiten. Weigerte er sich, würde ihm eine Konventionalstrafe aufgebrummt werden, er bekäme kein Arbeitslosengeld und ein Zeugnis, das nicht einmal mehr für einen Job im Friseursalon reichen würde.

Und Gnoche war einer, der Ernst machte. Seit drei Monaten hatte Michael Hoffmann jetzt schon keinen Lohn mehr bekommen.

»Wenn Sie hier überleben wollen, Hoffmann«, hatte Gnoche vor einem halben Jahr zu ihm gesagt, »dann müssen Sie den einen oder anderen Kompromiss eingehen. Sie sitzen auf einem Schleudersitz, Hoffmann, und wenn Sie nicht kooperieren, dann bin ich der Erste, der den Knopf drückt!« Gnoche hatte dreckig gegrinst und gewusst, dass er am längeren Hebel saß.

Um sich überhaupt eine Chance auf einen eventuellen Arbeitsplatz zu wahren, hatte Hoffmann den Drecksack sogar bestechen müssen. Zehntausend Euro hatte er für ein vages Versprechen abgedrückt. Und nur, um letzte Woche, während des Büroumbaus, seine bereits fix und fertig unterschriebene Kündigung zufällig in der untersten Schublade von Gnoches Schreibtisch zu finden. In diesem Moment war ihm alles klar geworden. Er würde keinen Job mehr bekommen, kein Zeugnis, und sein Geld würde er auch nicht mehr wiedersehen.

Berthold Gnoche hatte ihn von vorn bis hinten verarscht.

Das war's dann. So war das halt mit Schleudersitzen. Hoffmann konnte sein Häuschen in Dörfles-Esbach vergessen, das Auto verkaufen und musste darauf hoffen, dass das Gehalt seiner Frau irgendwie reichen würde. Doch als Putzfrau bei der HUK Coburg verdiente man auch nicht gerade die Welt. Die Zukunft, die sich Michael Hoffmann präsentierte, war tiefschwarz.

Die Handwerker verließen das Büro im bezugsfertigen Zustand. Der Innenarchitekt schaute sich noch einmal im Innern um. Jeder Vorstand eines großen Börsenunternehmens wäre voller Begeisterung in diesen Traum aus feinmaserigem Palisander eingezogen. Sogar im Bürostuhl, einem Koloss aus Edelstahl und schwarzem Büffelleder, war das teure Tropenholz als Dekor vorhanden. Bezahlt worden war der Traum aus der Konkursmasse eines ausgebeuteten Unternehmens. Realisiert von einem ausgebeuteten Innenarchitekten.

Plötzlich wurde die Tür aufgerissen, und Berthold Gnoche trat herein. Während die schwere, schallgeschützte Tür hinter ihm ins Schloss fiel, sah er sich mit kritischem Blick in seinem neuen Herrschaftsbereich um. Michael Hoffmann beachtete er nicht. Zwei Mal drehte er eine Runde und befingerte gründlich jede Ecke und Kante. Schließlich trat er auf den Architekten zu und sagte gelangweilt: »Also gut, Hoffmann, das können wir so lassen. Ich will mal nicht so sein. Eine letzte Frage noch: Was ist mit der Sprechanlage, geht die jetzt endlich?«

Michael Hoffmann streckte sich unmerklich. »Selbstverständlich, aber Sie werden niemanden mehr erreichen, Herr Gnoche, es ist ja keiner mehr da.«

Berthold Gnoche lächelte kalt. »Dann gehen Sie eben mal kurz nach draußen, Hoffmann, und machen mir die Sekretärin. So was in der Art werden Sie ja in Zukunft sowieso arbeiten müssen, wenn Sie Glück haben.«

Er lachte heiser über seinen eigenen unglaublichen Witz, während Michael Hoffmann schweigend das Büro verließ und die schwere Tür hinter sich schloss. Er ging zur Gegensprechanlage auf dem Schreibtisch der Sekretärin und drückte den entsprechenden Knopf.

»Sie können jetzt etwas sagen, wenn Sie den grün leuchtenden Knopf drücken, Sie Arschloch«, sagte er mit ruhiger Stimme ins Mikrofon.

Berthold Gnoche glaubte, sich verhört zu haben. Wofür hielt sich dieser arbeitslose oberfränkische Prolet eigentlich? Wütend drückte er den grünen Knopf, um ihm mitzuteilen, dass er hiermit definitiv entlassen war.

Doch es ertönte kein Freizeichen, und auch die grüne Lampe erlosch. Stattdessen hörte er ein leises Knacken unter sich. Sekundenbruchteile später entfalteten die acht Explosivtriebkörper in dem edlen Bürosessel ihre vollen zwölftausend PS, und der stellvertretende Insolvenzverwalter Berthold Gnoche wurde in seinem Luxusgestühl mit knapp dreihundertneunzig

Stundenkilometern an die Betondecke des Büros geschossen. Das Neueste vom Neuesten, direkt von Airbus Industries.

Der schwere Sessel verbog sich an der Decke kreischend zu einer metallischen Halbschale mit Büffellederfetzen, bevor er wieder polternd zu Boden fiel.

Berthold Gnoche klebte noch etwas länger dort oben, dann folgte er dem Sessel. Allerdings nicht komplett. Manche seiner Körperteile brauchten etwas länger, um sich zu den Resten des zur Unkenntlichkeit verbogenen Sessels zu gesellen, andere hatten beschlossen, für immer an der Decke zu bleiben.

Derweil warf Michael Hoffmann pfeifend den Generalschlüssel in den Briefkasten an der Eingangstür. So ist das halt mit Schleudersitzen, dachte er zufrieden.

Früher war die Zukunft auch besser.
Karl Valentin

Die untreue Kaiserin

Ein Mensch
mit Namen Eugen Roth
ist eines Tages plötzlich tot.
Gemeuchelt mit des Messers Spitze
in der Bamberger Sommerhitze.
War es Tücke, war's infam,
dass dieser Mensch zu Tode kam?
Denn mit der Schärfe seiner Reime
jener Dichter schafft's alleine,
Humor zu zeigen, dazu frech,
doch heute hatte er wohl Pech.

Die Franken eilen gleich herbei
und nicht zuletzt die Polizei,
um festzustelln mit scharfem Sinn:
Der ist hin.
Dem Kommissar die Frage brennt,
ob einer hier den Kerl wohl kennt.
Denn leider ist das so bei Leichen,
dass diese sich nicht sehr oft gleichen.
Außer dass sie alle tot
und jedem ein Begräbnis droht.
Doch was hat dieser Mann verbrochen,
dass irgendwer hat zugestochen?

»Das ist ein Dichter!«, ruft da einer.
»Ja, genau, und was für 'n feiner!«,
wird von hint nach vorn geflennt.
Na, Gott sei Dank, man ihn erkennt.
Der Kommissar, er greift beflissen
nach seinem Block, denn er will wissen
Adresse, Alter und die Namen,
Beruf, Geliebte und Herzdamen
dieser toten Leiche da,

das ging ja heute schnell, hurra!
Der Mensch jedoch von ihm befragt,
egal, ob jung oder betagt,
hat leider nicht viel beizutragen
zu diesen kommissarschen Fragen.
»Ein Dichter ist das?«, fragt ein Kleiner.
»Ja, aber welcher, was für einer?«,
versucht sich schnell der Kriminaler,
bemerkt jedoch, das Brett wird schmaler,
auf dem das Wissen seiner Zeugen
wandelt, während sie beäugen
den gekillten Literaten
und sich in einem fort beraten.

»E.T.A. Hoffmann könnt das sein«,
brabbelt die Marktfrau zwischenrein.
»Das ist der Goethe«, meint ein Student,
der sich in Bamberg nicht auskennt.
»Das ist nicht Goethe, ist nicht wahr,
der Goethe, der hat andres Haar«,
meint der Mann vom Bratwurststand,
der auch den Weg zum Tatort fand.
»Ihr Ahnungslosen«, tönt es hart,
»das ist, ganz klar, der Heinz Erhardt«,
meint die Mutter mit dem Kinde
hinter eines Baumes Rinde.
Jeder schleudert einen Satz
von Brecht bis Böll und Ringelnatz.
Auch der Schiller wird erwähnt,
der erste von den Zeugen gähnt.

Bis der Commissario sauer
ob der langen Befragungsdauer,
denn es ist heiß, es ist August,

und als Bamberger du musst
regelmäßig inhalieren,
meist aus Krügen voll mit Bieren.
Das gilt für Zeugen, Polizei,
fast jeder Mensch ist hier dabei.
Nur für die Toten gilt das nicht,
selbst, wenn sie schufen manch Gedicht.
So spendet jeder nun Applaus,
denn die Polizei gibt einen aus.
Und die Befragung wird ab jetzt
auf einem Keller fortgesetzt.
Denn da ist Schatten, da gibt's Bier,
nur die Leiche, die bleibt hier
liegen auf den Domterrassen
mit 'nem Schild: »Bitte nicht anfassen!«
»Bin gleich zurück«, steht auch dabei –
mit Stempeln von der Polizei.

Ein Mensch mit Namen Eugen Roth
blieb fortan alleine tot.
Niemand hat ihn weggetragen,
niemals wurde er begraben.
Er hat nur kurz recht streng gerochen,
man ist gestolpert über Knochen.
Dies schnell als lästig wurd empfunden,
weshalb man in den Abendstunden
des ersten Tags der Sandkerwa
die bleichen Reste ausgestellt sah.

Den Mensch erstaunt die Sensation,
die er nun lesen kann im Dom.
Mit güldnem Schild am Mittelfuß,
dass dies der heimliche Lover der Kaiserin Kunigunde
gewesen sein muss …

*Weihnachten ist für Gott die perfekte Zeit,
seine Fehler zu vertuschen.*
Stanisław Lem

Das Weihnachtsbrikett

Cindy war gerade mit dem Lackieren ihrer überlangen Fingernägel beschäftigt, als ihr rosametallicfarbenes Handy einen kurzen Piepser von sich gab. Cindys überlange Wimpern klappten nach oben, und ihre rehbraunen Augen warfen einen missbilligenden Blick auf das Fußende des Bettes, wo das Handy unruhig vor sich hin vibrierte. Zum Teufel, sie hatte jetzt eigentlich frei, und wenn das Handy sich meldete, hatte das in 99,9 Prozent aller Fälle Arbeit zur Folge. An sich ein äußerst erfreuliches Ereignis, aber nicht, wenn man eigentlich frei und kein bisschen Lust auf Überstunden hatte. Es war Heiligabend, achtzehn Uhr, sie freute sich auf Pizza und einen geruhsamen Abend allein mit sich und »Pretty Woman«. Der Film ihres Lebens, den sie bestimmt schon hundert Mal gesehen hatte. Immer an den gleichen Stellen des anrührenden Schmachtfetzens brach sie in Tränen aus. Vielleicht hatte sie eines Tages auch einmal so viel Glück in ihrem kleinen Leben wie die liebe Julia Roberts.

Seufzend erhob sie sich von dem überbreiten Doppelbett mit der rosafarbenen Decke, strich sich schwungvoll mit dem Handrücken die blonden Haare aus ihrem Gesicht und wedelte mit beiden Armen in der Luft herum. Ihre Miene verdüsterte sich zusehends, als das Handy keinerlei Anstalten machte, seine Bemühungen einzustellen.

Wenn sie es nur, verflucht noch mal, endlich schaffen würde, diese bescheuerte Mailbox auf dem Handy einzurichten, dann könnte sie irgendwann später nach der täglichen Maniküre in Ruhe die gespeicherten Nachrichten abhören. Und mit ein bisschen Glück war dann der Grund des Anrufes schon Geschichte – ja, wenn sie nur die Mailbox auf ihrem Handy eingerichtet hätte.

Aber Cindy war mit derartig anspruchsvollen Aufgaben im logischen Bereich regelmäßig überfordert. Und die Schwelle zur Überforderung lag bei ihr verdammt niedrig. Als das Handy das erste Mal den Geist aufgegeben hatte, weil der Akku leer gewesen war, hatte man ihr im O_2-Shop erst einmal zeitaufwendig erklären müssen, dass ihr neues Kommunikationsmittel ab und zu aufgeladen werden musste. Und noch einmal so viel Energie des Mitarbeiters war dafür draufgegangen, ihr die Art und Weise des Aufladens nahezubringen. Als Cindy völlig erschöpft siebenundzwanzig Minuten später wieder auf ihrer Arbeitsstelle eintraf, hatte sie bereits wieder alles vergessen. Für solche Sachen brauchte sie wirklich einen Mann in ihrem Leben, so einen richtigen und nur für sich.

Männer generell hatte sie zwar in der Regel genug – mehr als genug sogar –, aber dieses Phänomen war bei Prostituierten nun einmal beruflich bedingt. Eigentlich war es sogar die Grundvoraussetzung einer Einstellung, denn sonst kam man in diesem Job ja nicht wirklich weiter. Aber ihre Kunden waren keine Männer fürs Leben, sondern nur für den täglichen Bedarf. Sie erkundigten sich nicht nach ihren persönlichen Befindlichkeiten und halfen ihr auch ganz bestimmt nicht dabei, ihr Handy aufzuladen. Diese Männer waren hier, damit sie ihnen professionell Lust erzeugte. Zu Cindys Glück waren dabei nicht zwingend logische Grundkenntnisse gefragt, sondern ganz andere Eigenschaften, die ihrerseits aber auch wieder mit Einstöpseln von Dingen im weiteren und engeren Sinne zusammenhingen. Eigentlich funktionierte ihr Beruf genauso wie das Aufladen ihres Handys – so vom Prinzip her jedenfalls. Zumindest hatte ihre Freundin Margot ihr das so erklärt und so anschaulich erläutert, dass selbst Cindy es fast begriffen hatte.

Ansonsten war Cindy für ihr Berufsbild hervorragend ausgerüstet. Sie war mittelgroß, schlank, leidlich hübsch, und als der liebe Gott die Brüste verteilte, hatte sie gleich zwei Mal die Hand gehoben. Ein Umstand, der sie allerdings nicht daran gehindert hatte, an der einen oder anderen Stelle noch ein bisschen mit Schönheitsoperationen nachzuhelfen. Zum Glück achtete ihre Freundin Margot in ästhetischen Dingen auf sie, sonst hätte Cindy gleich eine Silikonflatrate beim Schönheitschirurgen gebucht. Aber die Kunden standen drauf.

Zudem war Cindy noch ein leicht naives, kindliches Wesen eigen, das Männer unwiderstehlich anzog. Sie war eine Art Pamela Anderson für fränkische Bedürfnisse. Aus männlicher Sicht war Cindy in der weiblichen Belegschaft jedenfalls die mit Abstand gefragteste Adresse, auch weil sie in allem ziemlich gut war, was Männer von einer Prostituierten handwerklich erwarteten. Nur Handys aufladen konnte sie eben nicht.

Die Freier, die sie gefragt hatte, wie man denn so ein Ladegerät bedient, hatten nur laut aufgelacht und umgehend ihr eigenes Kabel an sie angeschlossen, leider nicht zum Zwecke der Cindy'schen Fortbildung. Aber schließlich hatten sie auch fürs Vögeln bezahlt und nicht für einen Volkshochschulkurs mit dem Titel »Doofe Bordsteinschwalben unterrichten«.

Doch jetzt hatte Cindy es ja dank Margot begriffen, und der Nagellack machte inzwischen auch einen einigermaßen bissfesten Eindruck. Sie griff nach dem Handy und drückte den kleinen grünen Hörer, wie sie es von Margot gelernt hatte. Sofort belferte ihr die ärgerliche Stimme ihrer besten Freundin durch den Hörer entgegen. »Sag mal, Cindy, was treibst du denn schon wieder, du dumme Nuss? Meinst du etwa, ich lass es zum Spaß so lange klingeln?« Margot war aufgebracht. Cindy trieb sie noch an den Rand des Wahnsinns – und viel weiter. Sie hatte ein echtes Megaproblem, und gerade jetzt fiel es ihrer besten Freundin ein, einen auf taub zu machen. Cindy jedoch war völlig bar jeder Schuldgefühle.

»Aber ich hab doch frei, Margot! Was fährst du mich so an? Das ist jetzt eigentlich nicht okay«, erklärte ihr Cindy mit weinerlicher Stimme am anderen Ende der Leitung.

Sogleich verflog Margots Ärger, und Mitleid bemächtigte sich ihrer. Die liebe Cindy konnte ja wirklich nicht wissen, dass sie es verdammt eilig hatte. »Entschuldige, Schatz«, schlug sie einen versöhnlichen Tonfall an, »aber du musst mir unbedingt helfen. Ich hab ein großes Problem«.

»Was ist denn los?«, fragte Cindy gleich weniger ärgerlich, während sie auf der Oberfläche des rosafarbenen Nachtkästchens kratzende Belastungstests mit ihren frisch lackierten Fingernägeln durchführte. Ihre Freundin Margot kam gleich zur Sache, die Zeit wurde allmählich knapp. Sie hätte ihrer Freundin alles ja auch gern persönlich erklärt, schließlich befand sie sich nur zwei Zimmertüren weiter den Gang hinunter, aber ihr

Freier wurde allmählich ungeduldig. Es war Schichtwechsel bei Brose in Hallstadt, folglich hatte sie sozusagen Stoßbetrieb. Die nächsten Kandidaten standen schon auf der Liste, deren Eintragungen bis weit nach Mitternacht reichten. Und das am Heiligen Abend. Normalerweise war das alles kein Problem, schließlich gab's dafür ja auch einen saftigen Feiertagszuschlag, aber heute hatte Margot Mist gebaut. Sie hatte eine Doppelbelegung angenommen, was an sich nichts Außergewöhnliches war und sogar gut bezahlt wurde – allerdings nur, wenn die beiden Jungs auch vorher von ihrem Glück wussten und es gebucht hatten. Nicht jedoch, wenn jeder der beiden auf eine einzelne Frau eingestellt war und einer spontanen männlichen Zugabe eher kritisch gegenüberstand. In Margots Terminkalender gab es gerade definitiv einen Mann zu viel.

»Kannst du für mich schnell ein Brikett übernehmen?«, fragte sie hektisch.

Cindy verzog angewidert das Gesicht, als sie begriff, worauf das Gespräch hinauslaufen sollte. Ausgerechnet ein Brikett.

Die Bezeichnung war im Haus der Deckname für Gäste kirchlicher Herkunft, und äußerst passend war sie zudem. Denn erstens tauchten die Herrschaften prinzipiell in betont unauffällig schwarzen Hemden, Rollkragenpullovern oder ähnlich dämlichen Pseudoverkleidungen auf, und zweitens, wenn es dann zur Sache ging, hatte man es meist mit Kopulationen der eher unbeholfenen Art zu tun. Eine gewisse Ähnlichkeit mit einem Brikett, welches sich dem Geschlechtsverkehr hingibt, war also nicht von der Bettkante zu weisen. Und anschließend stand der Befriedigte auch noch wie ein solches in der Zimmerecke und kramte hektisch in den Taschen seiner schwarzen Stoffhose, um die Quelle der verbotenen lustvollen Momente zu entlohnen.

Gut, diese Art von Arbeit war wenig abwechslungsreich, aber immerhin sehr gut bezahlt. Es gab den klerikalen Zuschlag, die Prämie für spontane Dienstleistungen außerhalb der terminlichen Reihenfolgen. Und ein solch spontanes Brikett hatte offensichtlich in Margots Terminkalender jetzt zu klärende Kalamitäten verursacht.

»Kenn ich ihn?«, fragte Cindy sicherheitshalber, damit sie sich auf ihre Kundschaft einstellen konnte. Schließlich war sie Profi und versuchte immer, die Erwartungen im kleidungstechnischen Bereich und auch, was sonstige Vorlieben des Kunden betraf, zu erfüllen. Gelernt war eben gelernt.

»Nein, kennst du nicht«, nuschelte Margot hektisch. »Der ist ein bisschen schrullig, aber harmlos. Seit Jahren will der immer nur zu mir, aber heut geht's überhaupt nicht. Du musst mir helfen, Cindy, sonst bin ich am Arsch. Schmöbe bringt mich um.«

Cindy bemerkte die zunehmende Panik in Margots Stimme. Wäre es nicht ernst, würde Margot nicht so einen Stress machen. Schmöbe war der Chef des Ladens und legte allergrößten Wert auf Zuverlässigkeit im besten, weil einzigen Bordell Bambergs. Und sein Konzept funktionierte. Das »Frankonia« war neben dem »Alten Schlachthof« eine der angesagtesten Adressen in Franken. Schmöbe hatte es sogar geschafft, die regionalen Promis zu Stammgästen zu machen, die zugegebenermaßen in so einer kleinen Stadt wie Bamberg nicht gerade zahlreich gesät waren. Auch die Bullen von der Sitte, die ab und zu mit »Naturalien« bei Laune gehalten wurden, schätzten den reibungslosen und störungsfreien Betrieb des »Frankonia«.

Als Vorstandschef eines solch heiklen Geschäftsmodells musste man auf seine Kundschaft achten und konnte sich keinen Ärger leisten – welcher Art auch immer. Einen ärgerlichen Schmöbe wollte jedenfalls keine der Beschäftigten am Hals haben.

»Okay, Süße, dann schick das Brikett eben rüber. Damit hab ich dann aber das mit dem Handy abgearbeitet, und wir sind quitt, okay?«, stöhnte Cindy resigniert. Margot musste lächeln. Wenn's nicht mehr war.

»Danke, Cindy, du bist ein echtes Goldstück. Geh auf Zimmer 13 und mach das Licht aus. Das Brikett will's immer im Dunkeln und mit Kerzen. Da steht der voll drauf. Ich muss jetzt Schluss machen. – Ich liebe dich, Kleines«, säuselte sie noch hinterher.

»Wird aach Zeit, Schneggla«, tönte eine Männerstimme hin-

ter ihr genervt. »Fürs Delefoniern wirschd du fei net bezahld!«
Dann hörte Cindy nichts mehr.

Sie packte ihre Handtasche, ging zum anderen Ende des Ganges
und stieß die Tür mit der vergilbten Zahl 13 auf. Das Zimmer
war von Margot offensichtlich schon hergerichtet worden. Das
Bett war frisch bezogen, und in der gegenüberliegenden Zimmerecke stand auf einer Kommode ein fünfarmiger Kerzen-
leuchter. Cindy nahm die Streichholzschachtel und entzündete
die teuren, gedrehten Kerzen aus echtem Bienenwachs der Reihe nach. Nach kürzester Zeit breitete sich ein angenehmer Geruch im Zimmer aus. Sie knipste am Schalter neben der Tür die
Deckenlampe aus, entledigte sich bis auf ihre rosafarbene Un-
terwäsche aller Kleidungsstücke und warf sich in ihrer Arbeits-
kleidung aufs Bett. Cindy war so weit, das Brikett konnte kommen.

Um exakt fünfzehn Uhr dreißig klopfte es leise an der Tür. Cindy war mit ihren Gedanken noch bei Richard Gere und Julia
Roberts, die sich in einer teuren Boutique auf dem Hollywood
Boulevard auf Kosten des arroganten Besitzers einkaufsmäßig
amüsierten. Cindy amüsierte sich gedanklich ebenfalls sehnsüchtig mit und stellte sich die Garderobe vor, die sie sich im
teuersten Klamottenladen Bambergs zulegen würde, wenn ihr
persönlicher Richard Gere sie endlich entdeckte. Dass es einen
teuersten Laden für weibliche Kleidungsutensilien in Bamberg
überhaupt nicht gab, das störte sie nicht im Geringsten. Das er-
neute Klopfen erinnerte sie unsanft an ihre unliebsame und un-
eingeplante Überstunde.

»Hallo?«, rief sie mit einem möglichst frivolen Unterton in
der Stimme und zupfte noch einmal an ihrer rosafarbenen Un-
terwäsche herum. Auch das hier würde vorbeigehen, und dann
konnte sie – endlich! – ihre geliebte DVD einlegen.

Die Tür öffnete sich, und ein unscheinbares, untersetztes Brikett schlüpfte ins Zimmer. In der Hand hielt es eine schwarze
kastenartige Tasche, die entfernt an das Behältnis erinnerte, das
Tierärzte zu einer Pferdegeburt mitbrachten.

Als das Brikett sich umdrehte, erkannte Cindy einen älteren Mann mit schütterem grauem Haar und weit fortgeschrittenem Bauchansatz. Das flackernde Kerzenlicht beleuchtete den verblüfften Gesichtsausdruck in dem faltigen Gesicht, und Cindy wusste sofort, dass ihr das Gesicht von irgendwoher bekannt vorkam.

»Du bist nicht Magdalena«, stieß das Brikett erschrocken hervor.

Magdalena also, dachte Cindy fachlich unbeeindruckt. Im hiesigen Etablissement durfte sich jeder Freier für seine Auserwählte einen Künstlernamen aussuchen, mit dem er die Gespielin dann fürderhin ansprach. Das Brikett hatte wohl in dem ihm geläufigen biblischen Kontext bleiben wollen.

»Nein, ich bin nicht Magdalena«, säuselte Cindy und rekelte sich, so verwindungsreich sie konnte. »Magdalena ist krank, das grässliche Winterwetter, du verstehst. Aber ich werde sie genauso gut vertreten.« Sie lächelte das Brikett so breit an, dass Julia Roberts, hätte sie es mitbekommen, vor Neid erblasst wäre.

»Gefalle ich dir etwa nicht?«, schnurrte sie quer durch den Raum, während der schwarz gekleidete Mann unschlüssig zwischen ihr und den Bienenwachskerzen hin und her blickte.

»Wie heißt du?«, fragte das Brikett schließlich, während es seinen schwarzen Tierarztkoffer auf die Kommode neben die Kerzen stellte.

»Wie immer du möchtest, Süßer«, schnurrte Cindy und rekelte sich betont umständlich auf die andere Bettseite.

»Wird Magdalena denn wiederkommen?«, fragte der alte Mann, während er umständlich die Hornknöpfe seines schwarzen Kurzmantels öffnete.

»Natürlich, Süßer, keine Sorge. Das nächste Mal steht Magdalena wieder zu deiner vollen Verfügung«, beruhigte Cindy ihn, der seinen schwarzen Mantel inzwischen über den Stuhl vor dem Bett gehängt hatte.

Wortlos schaute er ihr eine Weile beim Rekeln zu, bevor er plötzlich unvermittelt sagte: »Ich werde dich Maria nennen.« Er überlegte kurz, als müsste er diese weitreichende Entscheidung noch einmal überprüfen, dann fuhr er fort: »Ja, Maria. Maria ist gut. Aber du bist nicht unbefleckt. Ich werde dich und den Raum zuerst säubern müssen.« Sprach's und wandte sich leicht gebückt zu seinem Tierarztköfferchen um. Cindy war nun doch etwas verwirrt. Säubern?

»Aber Schatz, die Putzkolonne geht hier zwei Mal am Tag gründlich durch. Hier ist ganz bestimmt nichts schmutzig. Und ich habe gerade erst geduscht und mich überall gewaschen.« Sie lächelte wieder ihr Lächeln à la Julia Roberts und rekelte sich zurück in die andere Betthälfte.

»Nein«, sagte das Brikett lakonisch, während es ungerührt diverse Utensilien auf die Kommode packte. »Du bist befleckt, und auch das Zimmer ist nicht gereinigt.« Der Mann blickte sie kurz aus leicht triefenden Augen an. »Im spirituellen Sinne befleckt. Ich meine nicht Staub oder sonstigen weltlichen Schmutz.« Mit diesen Worten legte er ein großes messingfarbenes Kreuz auf die Bettdecke am Fußende.

Unwillkürlich zog Cindy ihre langen Beine an den Körper und beobachtete misstrauisch den Fortgang der merkwürdigen Prozedur. »Was soll das denn werden, Süßer?«, fragte sie argwöhnisch, während sie sich im Bett aufsetzte. »Solche Geschichten kosten extra«, ließ sie den ersten Testballon steigen.

»Mach dir keine Sorgen, Kleines. Magdalena wurde auch schon von mir gereinigt. Es dauert nicht lange, und du wirst deinen Lohn schon erhalten.« Er sprach mit väterlicher Stimme. »Es wird dir sogar gefallen«, schob er mit anzüglich lüsternem Blick auf ihren wohlgeformten Körper hinterher.

Cindy entspannte sich. Margot hatte den ganzen Aufstand also schon mal hinter sich gebracht. Was hatte sie über das Brikett noch gesagt? Schrullig, aber harmlos. Na gut. Dann sollte dieser alte Knacker eben seine Show abziehen, aber dass ihn das etliche Scheine extra kosten würde, das war dem Spinner hoffentlich klar. Wieder überlegte sie, woher sie ihn bloß kannte.

»Leg dich hin, Maria«, sagte der alte Mann ruhig, aber streng. Cindy gefiel das. Es war immer besser, wenn die Freier wussten, was sie wollten. Also legte sie sich mit dem Rücken auf das breite Bett, während das Brikett etwas in einem kugelförmigen Gehäuse aus Metall anzündete, was an dünnen Ket-

32

ten von der linken Hand herunterhing. Rauch drang aus den seitlichen Schlitzen. Den Geruch kannte sie doch. Weihrauch. Auch das noch! In den Gottesdiensten in der Kindheit war ihr von dem Geruch des Zeugs regelmäßig schlecht geworden. Na prima.

Der Alte ging um das Bett herum und breitete ihre Arme im rechten Winkel zu ihrem Körper auf dem Bett aus, bevor er ihre Beine kerzengerade Richtung Bettende drapierte. Zufrieden betrachtete er sein Werk, dann griff er nach dem schweren messingfarbenen Kreuz und begann weihrauchschwenkend und murmelnd das Bett zu umrunden. Cindy versuchte etwas von dem zu verstehen, was er sagte, aber es hörte sich viel zu lateinisch an, als dass sie sich zutraute, diesen Sermon jemals zu decodieren. Nach exakt sieben Umrundungen und weiterem lateinischen Gefasel bemerkte Cindy erleichtert, dass ihr Kunde sein Handwerkszeug auf die Seite legte. Stattdessen nahm er nun einen kleinen Wasserkessel mit einer Art kugelförmigen, durchlöcherten Schöpfkelle und begann sie durch die dichten Weihrauchschwaden hindurch mit Wasser zu bespritzen.

»He!«, rief Cindy erschrocken, als die ersten kalten Tropfen ihren Körper trafen. Sofort beugte sich der Alte mit strengem Blick über sie und hob mahnend den rechten Zeigefinger.

»Schweig, Unreine!«, rief er mit fiebrigem Blick, während sein dozierender Zeigefinger knapp unterhalb der Zimmerdecke zu schweben schien.

Is' ja gut, is' ja gut, dachte Cindy resigniert und ließ sich willenlos von dem seltsamen Kauz bewässern, der wiederum sieben Runden um sie herum drehte. Als er mit seiner Gartenarbeit der anderen Art fertig war, holte er ein Päckchen neonfarbener Kondome aus seiner schwarzen Tasche, hob sie mit beiden Händen in die Höhe und sprach etwas, was einem Gebet ähnelte. Die genauen Worte konnte Cindy auch diesmal nicht verstehen, dafür fiel ihr endlich ein, woher sie den seltsamen Gnom kannte. Es war zwar schon eine Weile her, aber wie er jetzt so vor ihr stand, als würde er das letzte Abendmahl vorbereiten, fiel es ihr wie Schuppen von den Augen. Es war der Weiberschorsch der Diözese Bamberg, Eberhard Töffling. Natürlich wurde er im korrekten Sprachgebrauch als Weihbischof bezeichnet, aber kein Bamberger redete je von einem Weihbischof, sondern immer nur von einem Weiberschorsch. Genauso wie es einen Erdbeerschorsch gab, der im korrekten Sprachgebrauch Erzbischof hieß.

Weiberschorsch Töffling war Cindy deswegen bekannt, weil er sie als Kind in der Dörfleinser Pfarrkirche gefirmt hatte. In ihrem weißen Kleid hatte sie damals ehrfürchtig vor dem respekteinflößenden jungen Bischof gekniet, der ihr seine Hand auf den Kopf gelegt und sie hatte versprechen lassen, künftig ein gottesfürchtiges Leben zu führen.

Nun, das hatte bei ihr nicht so richtig hingehauen – bei Weiberschorsch Töffling wohl aber auch nicht, sonst würde er sich nicht zu just diesem Zeitpunkt an just diesem Ort befinden. Dass er ihr wieder seine Hand auflegen wollte – und diesmal wahrscheinlich nicht nur auf den Kopf –, daran bestand kein Zweifel.

»Nun bist du gereinigt, Maria«, war von Töffling zu hören. »Durch mich wirst du nun eine andere, unbefleckte Ebene betreten, Maria«, tönte er feierlich.

Cindy musste sich das Lachen verkneifen, konnte sich aber gerade noch beherrschen. Lachen war bei Freiern gleich welcher Art äußerst ungünstig. Erheiterung ihrerseits führte meist zu spontanem Druckabfall im für diese Tätigkeiten wichtigsten Teil des Mannes. In so einem Fall waren dann ausgeprägte Handarbeit und gutes Zureden nötig, um alles wieder in Schwung zu bringen. Viel zu umständlich!

Dass diese Briketts aber auch immer so salbungsvolle Begründungen daherlabern mussten. Als ob sie als Hure eine Entschuldigung von so einem Schwarzen erwarten würde. Mein Gott, der sollte endlich anfangen, dann würden sie auch schnell wieder fertig sein.

Als Töffling sich entkleidet hatte, stieg er ächzend mit seinen alten krummen Beinen aufs Bett und kniete sich neben sie hin. Er holte die Packung mit den Kondomen heraus – und Cindy dachte, sie würde an einer Sinnestäuschung leiden. Töffling streifte sich mühselig drei Kondome über sein bestes Teil. Was soll das denn?, überlegte Cindy. Damit schnürt er sich ja alles ab. Aber egal, soll ja nicht mein Problem sein.

»Äh, soll ich irgendetwas machen?«, fragte sie sicherheitshalber nach, aber der alte Bischof, dessen Gesicht bereits von seinem anstrengenden Tun gekennzeichnet war, winkte schwer atmend ab.

»Nein, Maria, bleib nur genau so liegen. Du wirst dich nicht bewegen, und ich werde ich dich nicht berühren ... Ich werde dich nicht berühren ...« Er sprach mehr zu sich als zu ihr. »Ich werde mich beeilen, die Christmette wartet«, murmelte er tonlos, während er stirnrunzelnd auf seine Armbanduhr blickte.

Auch gut, dachte Cindy resigniert. Da hatte der Mann die wahrscheinlich beste Hure von ganz Bamberg vor sich liegen, sie durfte nichts tun, und dann musste es auch noch schnell gehen. Sollte doch diese Briketts verstehen, wer wollte, sie jedenfalls nicht.

Mit geübter Hand zog der alte Mann ihr das Höschen aus, während sein vor Lust triefender Blick über ihren Körper wanderte. Dann wälzte er sich um sie herum und stellte ihre Beine auf, als hätte er vor, eine gynäkologische Untersuchung durchzuführen. Die erkaltenden Weihrauchschleier waberten durch das Zimmer und legten sich auf die seltsame Szene auf dem Bett. Cindy konnte nur mehr ahnen, was an ihren unteren Extremitäten ablief. Mit weit von sich gestreckten Armen harrte sie der Dinge, die da kommen sollten.

Weihbischof Töffling kniete sich ächzend vor ihre gespreizten, aufgestellten Beine und verrenkte sich dabei derart, wie sie es ihm gar nicht zugetraut hätte. Dieser alte Knacker schaffte es tatsächlich unter größter Anstrengung, seinen mit drei Kondomen gepanzerten Stummel in sie einzuführen. Dann begann er sich zu bewegen, und Cindy konnte die sich wiederholenden Worte hören: »Ich werde dich nicht berühren, ich werde dich nicht berühren ...«

Damit hatte der alte Bischof womöglich sogar recht, denn zu spüren war für Cindy tatsächlich fast nichts. Was Töffling da unten veranstaltete, war ihr mehr oder weniger schleierhaft. Das konnte doch nicht wirklich Spaß machen! Und ir-

35

gendetwas schien auch nicht richtig zu funktionieren, denn
Töffling musste seine Bewegungen permanent neu justieren,
was ihm sichtlich große Anstrengung bereitete. Cindy nahm
ein sich steigerndes Keuchen wahr und konnte selbst durch
die Weihrauchschwaden seinen puterroten Kopf erkennen, der
sich immer häufiger der Armbanduhr zuwendete. Offensichtlich besaß ihr Körper eine andere Geometrie als der von Margot. Verzweifelt versuchte der alte Bischof sein Vorhaben zu
Ende zu bringen, was ihm jedoch durch die unselige Kombi-
nation von neuem, sprich ungewohntem Frauenkörper mit
Zeitdruck nicht recht gelingen wollte. Cindy sah, wie dem alten Mann die Augäpfel aus den Höhlen traten und die Hals-
schlagader bedenklich anschwoll. Als sich das Keuchen Töfflings zu einem infernalischen Prusten steigerte, begann Cindy
sich Sorgen um ihr Brikett zu machen.

Ihre Sorgen waren absolut gerechtfertigt. Der Bischof hatte
sich zu viel zugemutet. Ein letztes Mal blickte er keuchend auf
seine Uhr, dann durchlief ein krampfartiges Beben den bleichen,
faltigen Körper, die Augen verdrehten sich zu einem merkwürdig erstaunten Blick, und Weihbischof Töffling fiel nach vorn
und landete mit einem lauten Klatschen auf Cindys wohlgeformten Bauch.

Dann herrschte nur noch Stille.

Margots Handy vibrierte auf dem Nachtkästchen neben ihr,
während der Angestellte der Firma Brose, Dr. Nietzsche, dem
lang ersehnten und hart erarbeiteten Lohn seiner Mühen entge-
genstrebte. Das vibrierende Handy drohte ihn aus dem Konzept zu bringen, aber das Scheißding würde ja gleich mit seinem
Tumult aufhören, wozu gab es schließlich Mailboxen? Auch
Margot schielte aus dem Augenwinkel nach dem Handy. Nach
fünfmaligem Klingeln würde ihre Mailbox rangehen, dann konnte der liebe Martin über ihr endlich das Tor zur Glückseligkeit
aufstoßen und sich alles von der Palme wedeln.

Das Handy hatte bereits vier Mal vibriert, zum fünften kam
es nicht mehr, da sich das Gerät bis zum Rand des Nachtkästchens vorgearbeitet hatte, hinunterfiel und mit einem scheppern-

den Geräusch auf den Fliesenboden schlug. Dr. Nietzsche zuckte zusammen und starrte verblüfft auf das am Boden liegende Handy, das sich durch den Aufprall von selbst aufgeklappt hatte. Margot hatte resigniert die Augen geschlossen, als aus dem aufgeklappten Handy eine schrille, hysterische Frauenstimme zu vernehmen war.

»Margot! Margot, bist du dran? Margot, du musst sofort rüberkommen! Ohgottohgottohgott! Maaargooot!!!«

Die so Angeschriene erhob sich ruckartig und stieß ihren perplexen Liebhaber aus dem Bett.

»He, aber ich bin noch nicht fertig mit dir!«, rief der unerwartet Ausgestöpselte empört, während sein Kopf oberhalb der Bettkante erschien.

»Aber ich mit dir«, verkündete Margot, während sie sich aufsetzte und nach dem belfernden Handy griff. »Was ist los, Cindy?«, fragte sie besorgt. Hinter ihr zog sich ein wütender Diplomingenieur seine Unterhose über.

Als sie die Tür zu Zimmer 13 öffnete, glaubte sie, ihren Augen nicht zu trauen.

Es stank penetrant nach Weihrauch, und durch die schwebenden Nebel hindurch konnte sie einen alten Mann mit leblosen Augen bäuchlings auf dem Bett liegen sehen.

Kein Zweifel, das war Töffling. Ihr langjähriges Brikett schien toter Mann zu spielen. Für Margot war die Sachlage klar wie Kloßbrühe. Eine nackte Cindy stand schreiend und mit ihrem Handy in der Hand in der anderen Zimmerecke.

Zuerst einmal nahm sie die Freundin in den Arm, die daraufhin mit dem Schreien aufhörte und leise vor sich hin schluchzte.

»Ich hab überhaupt nichts gemacht«, heulte sie, während ihr Tränenbäche über das Gesicht strömten.

»Okay, Kleines, jetzt setz dich erst mal hin«, sagte Margot und versuchte ihre Freundin aufs Bett zu drücken, die sich aber panisch dagegen wehrte.

»Vergiss es. Ich setz mich doch nicht zu diesem toten … Ding da!« Mit geweiteten Augen stellte sie sich wieder in ihre Ecke, den Rücken an die Wand gepresst.

»Dann bleib von mir aus da stehen.« Margot überlegte. Schnelles Handeln war jetzt gefragt. Der tote Töffling musste von hier verschwinden. Würde im »Frankonia« ein toter, ranghoher katholischer Würdenträger gefunden, so hätte das mit Sicherheit das Aus für das Etablissement im tiefschwarzen Bamberg zur Folge. Zu Schmöbe konnten sie nicht gehen, denn das wäre wiederum das Aus für Cindy und Margot. Es half alles nichts, der abgelebte Bischof musste hier raus – und zwar schnellstmöglich. Margot wandte sich wieder Cindy zu, die noch immer bebend in ihrer Ecke verharrte.

»Rühr dich nicht von der Stelle, bis ich wiederkomme«, sagte sie.

»Geh nicht weg!«, rief Cindy sofort aufgeregt.

»Ich bin ja gleich wieder da«, versuchte sie ihre Freundin zu beruhigen. »Ich hol nur die Autoschlüssel. Währenddessen kannst du dich ja schon mal anziehen. Schaffst du das?« Sie blickte Cindy aufmunternd an, woraufhin diese stumm nickte. Das tote Brikett auf ihrem Bett hatte sie dabei keine Sekunde aus den Augen gelassen.

Als Margot das Erdgeschoss erreichte, versuchte sie sich so normal wie möglich zu verhalten. Ein löbliches Ansinnen, allerdings geriet sie am Fuß der Treppe sofort in eine heftige Diskussion zwischen Schmöbe und Nietzsche. Ihr letzter Kunde forderte vehement und lautstark sein Geld zurück. Schmöbe hielt Margot am Arm fest, als sie vorbeigehen wollte, und schaute sie stumm an. Kein Wort fiel, aber das war auch nicht nötig. Schmöbes stahlblaue Augen formulierten die Frage laut und deutlich.

»Was, zum Teufel, ist hier los?«, sprang es ihr aus seinem Blick entgegen. Margot atmete kurz durch, bevor sie antwortete. Sie hatte Schmöbe noch niemals angelogen, aber in dieser Situation wusste sie sich nicht mehr anders zu helfen.

»Der Typ da hat ewig keinen hochgekriegt, und dann wollte er mir Drogen andrehen, damit ich es ihm besser mache.«

Schmöbe runzelte die Stirn, dann drehte er sich zu Dr. Nietzsche um, der im ersten Moment ob der ungeheuerlichen Behauptung nach Luft schnappte.

»Drogen? Was für Drogen?«, fragte Schmöbe ruhig. Er hatte keinerlei Veranlassung, an Margots Aussage zu zweifeln. Sie war seine zuverlässigste Angestellte. Er hatte mir ihr schon zusammengearbeitet, lange bevor das »Frankonia« in Bamberg eröffnet worden war.

»Aber das, das ist eine verdammte Lüge!«, schrie Nietzsche aufgebracht. »Die Schlampe will mich bescheißen! Da war nichts mit Drogen. Die hat ja 'nen Knall!«

Aus den umliegenden Zimmern kamen die ersten Gäste und dazugehörigen Huren gelaufen, um den Grund des Aufstands zu erfahren.

»Was für Drogen?«, wiederholte Schmöbe seine Frage. Der Zwei-Meter-Mann mit den dunklen Haaren stand ruhig vor dem Ingenieur, der sich jetzt in Rage redete.

»Die hat mich einfach runtergestoßen und das Telefonieren angefangen, bevor ich fertig war. Eine Unverschämtheit ist das!«

Die Umstehenden begannen zu kichern, was den armen Mann vollends erzürnte.

»Mir reicht's jetzt!«, rief er mit wütendem Blick. »Ich will meine Kohle zurück, auf der Stelle! Sonst …«

»Sonst was?«, fragte Schmöbe drohend.

»Sonst muss er sich eben selbst einen runterholen, vielleicht schafft er das ja wenigstens«, warf Margot in den Ring. Die Provokation wirkte. Mit einem Schrei wollte sich der Ingenieur auf sie stürzen, lief aber genau in einen linken Haken von Schmöbe hinein. Wie ein gefällter Baum fiel er zu Boden.

Der »Frankonia«-Leiter schleifte ihn zum nächsten Sofa und wies die barbusige Barkeeperin an, ihm zu helfen. Währenddessen schlich sich Margot unbemerkt um die Ecke, griff sich ihren Autoschlüssel vom Schlüsselbrett und verschwand durch die Eingangstür nach draußen.

Mit Hilfe der Entblößten von der Bar hatte Schmöbe den Bewusstlosen in der Horizontalen abgelegt und wandte sich nun um. Sein Blick suchte nach Margot, fand aber nur einen Haufen schaulustiger Kunden und deren Damen, die höchst interessiert, teilweise sogar mit einem Cocktail in der Hand, das Spektakel verfolgt hatten.

»Was glotzt ihr so?«, herrschte er sie an. »Geht ficken!«

In Windeseile leerte sich der Raum. Alle verschwanden in den jeweiligen Zimmern, um sich wieder der Tätigkeit zu widmen, wegen der sie eigentlich eingecheckt hatten.

Margot hatte sich eiligst in ihre normalen Klamotten geworfen. Sie trug nun Springerstiefel, eine schwarze eng anliegende Lederhose und eine Tarnjacke der Bundeswehr. Ihre kurzen, knallrot gefärbten Haare verbarg sie unter einer dicken Wollmütze. Mit frisch gereinigter Bettwäsche unter dem Arm, auf der ein großer Playboy-Hase aufgedruckt war, hastete sie die Treppe hinauf.

Als sie Zimmer 13 betrat, fand sie die Szenerie genau so vor, wie sie sie verlassen hatte. Cindy stand stumm und mit hohlem Blick in der Ecke. Immerhin hatte sie es geschafft, sich etwas anzuziehen.

Margot warf die Bettwäsche auf den Boden. »Los, hilf mir!«, rief sie ihrer Freundin zu.

Cindys Augen wurden groß. Sie schaute ungläubig. »Was?«, fragte sie fassungslos.

»Du sollst mir helfen, verdammt noch mal«, zischte Margot ihr zu, während sie den toten Körper vom Bett rollte. »Der Typ muss von hier verschwinden! Erstens haben wir die Bullen und die Mordkommission am Hals, wenn sie den hier finden, zweitens sind wir dann auch unsere Jobs los. Dann wird nämlich kein einziges Brikett mehr einen Fuß hier freiwillig reinsetzen, und unsere Haupteinnahmequelle ist futsch. Und zu guter Letzt wird uns Schmöbe ganz genüsslich den Hals umdrehen, weil wir ihm zur Pleite verholfen haben. Reichen dir die Gründe, um mir zu helfen?«

Sie wartete eine eventuelle Antwort Cindys nicht ab, sondern machte sich weiterhin am toten Bischof zu schaffen. Zum Glück war Töffling ein recht kleiner Mann und nicht sonderlich schwer. Als trainierte Frau konnte man ihn gerade so noch heben. Margot griff ihm unter die Arme.

»Los, den Sack drüber, beeil dich«, zischte sie Cindy zwischen zusammengepressten Zähnen zu. Mit angeekeltem Gesichtsausdruck und spitzen Fingern streifte Cindy die Bettwäsche über den kleinen Mann und stopfte seine Klamotten hinterher, bevor Margot den Reißverschluss des Playboy-Überzugs zuzog.

»Und jetzt raus mit ihm«, befahl Margot. Vorsichtig öffneten sie die Tür und lugten um die Ecke. Niemand war zu sehen, nur am vorderen Treppenabsatz waren Diskussionen aus dem Parterre zu hören. Offensichtlich war die Polizei bereits eingetroffen, um den Streit mit Nietzsche aufzunehmen. Wortlos deutete Margot mit der Hand in die entgegengesetzte Richtung. Dort führte die rückwärtige Treppe zum Hinterausgang. Zu zweit schleiften die Frauen ihren Playboy-Sack bis zum Ende des Flurs.

»Der muss da jetzt runter«, flüsterte Margot ihrer Freundin zu, die in High Heels etwas bedröppelt danebenstand. Als sie den Kopf schüttelte, flogen ihre überlangen blonden Haare wild von einer Seite zur anderen. »Ich fass diesen Typ nicht mehr an. Das ist ja ekelhaft.« Angewidert ging sie demonstrativ einen Schritt zurück, blieb dann wie festgemauert stehen und wartete bockig auf eine externe Lösung, die sich ihr anbieten würde.

Margot schaute sie genervt an. Jetzt war nicht gerade die beste Zeit für ausführliche Diskussionen. Wenn Cindy sich sträubte, musste sie eben allein handeln.

»Wie du willst, Cindy«, sagte sie kurz angebunden, dann trat sie mit ihren klobigen Stiefeln kurz, aber kräftig gegen den Stoffsack, und Weiberschorsch Töffling machte sich plumpsend und polternd auf den Weg ins Erdgeschoss.

»Was ist denn da oben los, verdammt?«, war Schmöbe plötzlich vom Fuß der anderen Treppe zu vernehmen.

»Los jetzt!«, rief Margot und packte Cindy an der Hand, die noch immer mit offenem Mund das soeben Gesehene zu verarbeiten suchte. Unten angekommen zogen sie den Sack Richtung Hinterausgang, der etwa fünf Meter weiter durch die rote Leuchtschrift »Auspuff« gekennzeichnet war.

»Meinst du nicht, der hat sich auf der Treppe wehgetan?«, überlegte Cindy laut und warf dem Sack einen mitfühlenden

41

Blick zu, während sie ihn die letzten zwei Meter durch den Schnee zum Kofferraum von Margots Cabrio zog. Margot präferierte es, die Frage nicht zu beantworten. Schließlich hatten sie genug damit zu tun, das tote Brikett in den engen Kofferraum zu hieven. Als sie nach schier endlosen Minuten die Heckklappe schlossen und Margot auf dem Fahrersitz Platz nahm, lief ihr ein Schauer über den Rücken – und Grund war nicht die frostige Luft, die durch das geschlossene Stoffdach des Cabrios zog. Ab jetzt würden sie mit einer Leiche im Auto durch die Gegend fahren. Aber wo, um Himmels willen, sollten sie nur mit ihr hin?

»Jetzt fahr schon«, wimmerte Cindy ungeduldig und strampelte wie eine Zwölfjährige mit ihren benetzstrumpften Beinen auf dem Beifahrersitz. Nervös versuchte sie sich eine Zigarette anzuzünden. Plötzlich stutzte Margot und schaute sich um.

»Wo ist eigentlich der Koffer mit dem Weihwasserzeug und dem ganzen anderen Hokuspokus?«, fragte sie Cindy genervt, aber die hatte keine Lust mehr auf irgendwelche Gehirnakrobatik und drohte, einer Hysterie zu erliegen.

»Jetzt scheiß doch auf diesen Scheiß-Koffer und mach endlich das Scheiß-Auto an!«, schrie sie völlig außer sich.

Margot betrachtete ihre Freundin einen Moment kopfschüttelnd, bevor sie entschlossen den Motor startete. Als sie den Parkplatz des »Frankonia« verließen und nach rechts Richtung Hafen abbogen, fühlte Margot zum ersten Mal seit dem Vorfall so etwas wie Erleichterung. Aber das Gefühl währte nur kurz, dann kam ihr wieder der tote Mitfahrer im Kofferraum in den Sinn. Diesen Sack von Bischof mussten sie jetzt irgendwo unauffällig loswerden. Aber wie? Und wo? Margots Verstand arbeitete auf Hochtouren.

In der Ottokirche wurde der Mesner langsam unruhig. Die Kirche würde zur Christmette wie immer proppenvoll werden, und er wartete noch auf den Weihbischof, um den Gottesdienst vorzubereiten. Zum wiederholten Mal sah er auf die Uhr. Gleich neunzehn Uhr, eigentlich hätte Bischof Töffling schon seit einer halben Stunde hier sein sollen. Seit über zwanzig Jahren hielt der Weihbischof an Heiligabend bereits den Gottesdienst und war noch nie auch nur eine Minute zu spät gekommen – und jetzt gleich deren dreißig? Der Mesner ging in die Sakristei zum Schlüsselkasten und öffnete ihn. Innen auf der weiß lackierten Metalltür klebte ein Blatt Papier mit Telefonnummern, daneben stand ein altes weinrotes Tastentelefon, dessen klobigen Hörer er jetzt abnahm. Sein Zeigefinger rutschte langsam auf der Liste nach unten, bis er den Namen fand, nach dem er gesucht hatte. Dann wählte er mit einem mulmigen Gefühl die Nummer, von der er niemals gedacht hätte, dass er sie jemals benötigen würde.

In der Polizeiinspektion Bamberg war weihnachtliche Stimmung angesagt. Einige Kollegen mussten Bereitschaftsdienst schieben, darunter auch Kriminalkommissar Bernd Schmitt, der von allen Kollegen ob seines Aussehens nur mit »Lagerfeld« angesprochen wurde. Dieses Jahr hatte es ihn erwischt, und er musste über die Weihnachtsfeiertage arbeiten. Dies war keine Zeit für Schwerverbrecher, eigentlich eher für Selbstmorde. Zu keiner anderen Jahreszeit nahmen sich mehr Menschen das Leben als zur sich jährenden Geburt Jesu. In diesem Land gab es viele einsame Menschen, und vielen von ihnen wurde der Umstand um Weihnachten so richtig bewusst.

Noch dazu war Winter, es war dunkel, und es war kalt. Genau die richtige Mischung, um die deprimierende Bilanz eines verpfuschten Lebens zu ziehen. Vorwiegend gab es zwei Berufsgruppen, die an Weihnachten Angst vor ihrem Job bekamen: Zugführer und Polizeibeamte.

Lagerfeld hingegen hatte bis jetzt Glück gehabt, nur ein paar komasaufende Jugendliche und ein Schlaganfall in einem Altenheim hatten in seiner Sonderschicht bisher für Aufregung gesorgt.

Im Moment saßen neben seiner Freundin Ute von Heesen noch sein Vorgesetzter Franz Haderlein nebst Lebensgefährtin und dessen Ermittlerferkel Riemenschneider um den Weihnachtstisch herum, den sie extra für Lagerfeld in der Mitte der Dienststelle aufgebaut hatten. Die Riemenschneiderin schlabberte bereits an einer großen Schüssel mit für sie gekochten Kartoffeln, während ihre menschlichen Vorgesetzten circa einen Höhenmeter über ihr fröhlich auf das Weihnachtsfest anstießen. Haderlein und die Frauen mit einem vorzüglichen Sekt, Lagerfeld mit einem alkoholfreien Weizenbier. Ein Umstand, der ihm sichtliches Missbehagen bereitete, aber Dienst war nun mal Dienst.

»Dann wird es wohl langsam Zeit, die Geschenke auszupacken.« Manuela Rast grinste, während sie das leere Sektglas auf den Bürotisch zurückstellte. »Wer fängt an?«, fragte sie und schaute auffordernd in die Runde. Alle lachten, denn Lagerfeld war der Einzige, der hier ein Geschenk bekommen würde. Da er im Dienst war, gab's seines schon am Nachmittag.

»Wenn keiner sich danach drängt, soll mal der diensthabende Kollege Lagerfeld sein Geschenk entblättern, bevor noch ein böses Verbrechen die weihnachtliche Ruhe zunichtemacht«, meinte Ute von Heesen und legte Lagerfeld ein kleines Päckchen mit einer großen Schleife vor die Nase. »Von uns, Süßer.«

»Groß isses ja nicht«, maulte Lagerfeld missmutig und nippte lustlos an seinem alkoholfreien Malzgetränk.

»Jetzt stell dich nicht so an«, wies ihn sein älterer Kollege mit gespielter Strenge zurecht. »Und mach es endlich auf, sonst müssen wir auf unsere Geschenke daheim so lange warten!« Haderlein lachte, und die beiden anwesenden Damen stimmten bereitwillig in sein Gelächter ein.

Unmotiviert nestelte Lagerfeld an dem kleinen Päckchen herum, bis die aufwendig gebundene Schleife fast schwerelos zu Boden schwebte. Lagerfeld drückte prüfend auf dem Geschenk herum und hob es in die Höhe. Er seufzte. Es war klein, es war leicht, und es war ganz sicher nicht das neue Smartphone, das er sich gewünscht hatte. Anscheinend musste er wohl für die überschaubare Zukunft weiter auf seinem alten Handy von Siemens herumhacken.

Als Lagerfeld aufsah, grinsten ihn seine Weihnachtsgäste wortlos an. Das konnte nur heißen, dass das Geschenk – in was für einem Sinne auch immer – sehr besonders war. Entweder im Sinne von teuer oder im Sinne von originell. Vielleicht war es

44

aber auch nicht direkt originell, sondern eher bescheuert, die Übergänge dazwischen waren ja oft fließend. Andererseits durfte er sich nicht groß beschweren. Sein ausgesprochen lässiges Erscheinungsbild mit Zopf und überdimensionaler Sonnenbrille ließ für Schenkwillige durchaus Spielraum für die eine oder andere ausgeflippte Idee. Seine Intuition ließ ihn letztere Möglichkeit vermuten, was das diesjährige Weihnachtsgeschenk betraf – also bescheuert.

Aber es half alles nichts: Auch wenn er damit eine weitere Verschlechterung seiner miesen weihnachtlichen Grundstimmung riskierte, musste er das Geschenk zeitnah auspacken.

Er zerriss das Papier mit den kleinen goldenen Weihnachtsengeln und zog den Inhalt heraus: ein schwarzes Ledertäschchen. Gespannte Augen ruhten auf ihm, der immer noch nichts mit dem Gegenstand anfangen konnte. An drei Seiten des weichen Etuis erkannte er einen Reißverschluss und öffnete ihn. Als er das Täschchen endlich aufklappte, lag darin eine Sonnenbrille. Natürlich erkannte er sofort, dass das nicht einfach nur irgendeine Sonnenbrille war, nein, es war *die* Sonnenbrille mit *den* Augengläsern! Die Chanel-Brille mit der Signatur von Karl Lagerfeld und den getönten Gläsern, die sich dem jeweiligen Helligkeitsgrad des Sonnenlichts automatisch anpassten. Es war der Mercedes, nein, der Rolls-Royce unter den Pupillenschützern.

»Na, was sagst du jetzt, mein Schatz?«, fragte Ute von Heesen triumphierend.

Lagerfeld sagte erst mal gar nichts, sondern blickte nur dankbar grinsend von einem zum anderen. Das hier war besser als jedes neue Smartphone. Die Brille war das schönste Weihnachtsgeschenk, das er seit Langem bekommen hatte, eigentlich sollte er jetzt ein Dankgebet sprechen.

»Dann dir noch ein schönes Weihnachtsfest!«, rief Haderlein, während er nach Riemenschneiders Leine griff. »Familie Haderlein und Anhang verabschieden sich jetzt in die Weihnachtsferien.« Auch Manuela Rast nahm ihren Wintermantel von der Stuhllehne. Die Weihnachtsbesatzung der Dienststelle, Huppendorfer, Honeypenny und natürlich auch Lagerfeld, winkte ihnen lächelnd nach, während Letzterer versonnen mit seinem Geschenk herumspielte.

Als Haderlein mit seiner Manuela und der Riemenschneiderin durch die Tür verschwunden waren, klatschte Honeypenny laut und energisch in die Hände. »So, Jungs, da unser Chef Fidibus daheim unter dem Weihnachtsbaum sitzt, bin ich ab jetzt der diensthabende Offizier, alles klar?« Herausfordernd schaute sie in die Runde, ob irgendwer der durchweg männlichen Belegschaft es tatsächlich wagen würde, ihr zu widersprechen.

Aber César Huppendorfer wandte sich, nachdem er kurz aufgeblickt hatte, sofort wieder seinen Internetrecherchen zu, und Lagerfeld sagte nur: »Kein Problem, Chefin, ich geh nur mal kurz für kleine Königstiger.« Dann schlich er rückwärts, die Hände hinter dem Rücken verborgen, zur Männertoilette.

Honeypenny beobachtete den jungen Kommissar kopfschüttelnd, bis er im stillen Örtchen verschwunden war.

Erdbeerschorsch Walter Klemser legte auf. Das, was ihm der Mesner der Ottokirche gerade mitgeteilt hatte, war äußerst besorgniserregend. Er schaute noch einmal auf seine Uhr, dann nahm er seinen schwarzen Wintermantel und machte sich auf den Weg. Jetzt war das Amt des Erzbischofs gefragt. Das hier war ab sofort Chefsache. Er hatte keine Ahnung, was Töffling wieder verbrochen hatte, aber was auch immer es war, es war genug. Täte Töffling gerade genau das, von dem Klemser dachte, dass er es gerade tat, dann würde er ihn höchstpersönlich im Dom in einer tiefen Gruft einsperren und bei Wasser und Brot dahinvegetieren lassen. In einer sehr tiefen Gruft.

Das Domkapitel konnte im Moment alles gebrauchen, aber bestimmt keine negative Schlagzeile aus dem Bereich der Gürtellinie oder darunter. Entschlossen griff Klemser nach dem Autoschlüssel und zog die Tür hinter sich zu.

Margot fuhr einfach los. Es war ihr erst einmal egal, wohin, Hauptsache war, sie blieben in Bewegung. Der erste Teil des Plans, mit dem Bischof aus dem »Frankonia« zu verschwinden, hatte ja einigermaßen geklappt. Aber was jetzt? Sie überlegte fieberhaft, während Cindy auf dem Beifahrersitz wie eine Süchtige an ihrer Zigarette zog.

Sie schob blanke Panik. Was hätte das für ein schöner Heiligabend bei ihr daheim werden können! Vielleicht wäre es am besten, einfach so zu tun, als gäbe es diesen toten Bischof gar nicht. Vielleicht sollte sie einfach nach Hause fahren, das Video gucken, einschlafen und morgen früh in aller Ruhe wieder aufstehen. Dann war bestimmt alles nur noch halb so schlimm.

»Du, Margot, ich habe eine gute Idee«, meinte sie plötzlich freudig gestimmt. »Was hältst du davon, wenn wir erst mal zu mir fahren und Video schauen? Dann trinken wir noch einen Sekt, und morgen sieht alles bestimmt schon …«

Margot schaute sie entsetzt an. Das konnte doch wohl nicht wahr sein, drehte Cindy jetzt total am Rad? »Bist du völlig bescheuert? Und den Bischof, den lassen wir über Nacht einfach in meinem Kofferraum, oder wie?« Sie verdrehte genervt die Augen. »Wir stecken voll in der Scheiße, und statt nur ein bisschen zu helfen – also, beispielsweise, indem du die Klappe hältst … Aber ist ja auch egal. Von uns beiden bin jedenfalls ich für die Denkarbeit zuständig, klar? Aber anstatt weiter an deiner bescheuerten Zigarette zu nuckeln und mich mit deinem dusseligen Geschwätz zu verschonen, redest du einfach nur Müll! Ich hätte wirklich gute Lust, dir …« Margot stieg voll in die Eisen. Was hatte sie da gerade gesagt?

Während Cindy versuchte, sich wieder beleidigt an ihrer Zigarette festzuklammern und die aufkommenden Tränen zu unterdrücken, spürte Margot ihrem Geistesblitz hinterher. Endlich! Müll, genau, sie hatte gerade Müll gesagt. Genial. Natürlich: Müll!

Krachend legte sie den Rückwärtsgang ein, und das alte Mazda-Cabrio quietschte, Hinterteil voran, die Straße entlang, die sie gerade hergekommen waren.

»Was soll das denn werden, wenn es fertig ist?«, fragte Cindy verstört und hielt sich krampfhaft an ihrem Sicherheitsgurt fest.

»Wir sind die Müllmänner, Cindy!« Margot lachte und stieg wieder auf die Bremse. Dann bog sie nach rechts in eine unbeleuchtete Straße des Bamberger Hafens ab. Nach wenigen hundert Metern parkte sie das gelbe Cabrio vor einem hohen Zaun, hinter dem ein Turm in den sternenklaren Winterhimmel ragte.

»Wo sind wir denn hier gelandet, Margot?«, wimmerte Cindy verängstigt. Voller Unbehagen betrachtete sie die dunkle Silhouette, die hinter dem Zaun so bedrohlich aufragte.

»Bei der Bamberger Müllverbrennung«, erklärte ihr Margot den aktuellen Standort.

»Und was wollen wir hier?«, fragte Cindy unschuldig. »Ich mein, dein Auto fährt doch noch, das muss man doch noch nicht verbrennen.«

Margot zog es schon wieder vor, die Antwort darauf zu verweigern. Schweigend stieg sie aus und stapfte durch die Schneehaufen des Räumdienstes zum Eingang, dessen großes Tor verschlossen war. Natürlich, wer würde auch schon am Heiligen Abend Müll abliefern wollen? Aber irgendwie mussten sie da rein. Die Müllverbrennung war die ideale Lösung ihrer bischöflichen Probleme.

Erzbischof Klemser parkte seinen schwarzen Audi an der Fabrikmauer der Firma Scheffler und blickte sich vorsichtig um. Kein Mensch zu sehen. Er zog den Kragen seines schwarzen Wintermantels zusammen und sich den ebenfalls schwarzen Hut tief ins Gesicht. Möglichst unauffällig, aber zügig ging er Richtung Jäckstraße, in der sich das »Frankonia« befand. An den alten Fachwerkgebäuden des ehemaligen Schlachthofes zuckte er plötzlich zurück. Polizei! Vorsichtig spähte er um die Ecke und beobachtete die Szenerie. Die Polizisten schienen im Aufbruch begriffen zu sein. Gerade setzten sie noch einen jungen Mann, der heftig protestierte und dessen Gesicht ein geschwollenes linkes Auge zierte, auf den Rücksitz des Streifenwagens. Dann fuhren sie los und an ihm vorbei Richtung Innenstadt davon.

Die Eingangstür des »FKK Frankonia«, so der vollständige Name, hatte sich wieder geschlossen. Stille war eingekehrt und von Weihbischof Töffling weit und breit nichts zu sehen. Aber er war hier, musste hier sein. Klemser konnte ihn förmlich spüren. Seit Jahren war sein Weihbischof hier Stammgast und glaubte wohl ernsthaft, dass seine Besuche der unschicklichen Art im Domkapitel nicht bemerkt worden wären.

Wie auch immer, der Erzbischof konnte nur hoffen, dass er die missliche Situation, in der er Töffling gleich antreffen würde, wie auch immer sie geartet sein möge, möglichst unauffällig bereinigen konnte. Aber egal, wie es ausging, ganz sicher würde es wieder viel Geld kosten. Klemser schaute sich noch einmal um, aber am Heiligen Abend um kurz nach neunzehn Uhr war niemand auf der Straße unterwegs. Entschlossen nahm er die Türklinke in die Hand und öffnete die unheilige Pforte.

Schmöbe musste sich auf den Schrecken erst einmal einen Wodka genehmigen. Das war ja mal wirklich ein hektischer Heiliger Abend. Normalerweise waren solche hohen Feiertage von wenigen, sehr unauffälligen Stammgästen gekennzeichnet, und dieser junge Brose-Typ wäre wohl auch besser bei seinem Tannenbaum und seiner Familie geblieben, als sich hier mit Margot anzulegen. Apropos Margot. Wo steckte die Madam eigentlich? Sie hatte ihm noch einiges zu erklären. Schmöbe stürzte den Rest seines Wodkas hinunter, knallte das leere Glas auf die Theke und erhob sich, um seine Angestellte zur Rede zu stellen. Hinter der Bar räumte die Barbusige mit den beiden großen Blickfängern sofort diensteifrig die Flasche und sein Glas beiseite. Im selben Moment öffnete sich die Tür, und ein schwarz gekleideter, mittelgroßer Herr mit Hut trat ein. Als er die Animateuse hinter der Bar erblickte, zuckte er kurz, aber unübersehbar zusammen, grüßte selbige dann höflich und ging schnurstracks auf sie zu, ohne allerdings den Hut abzunehmen. Schmöbe blieb sicherheitshalber erst einmal am Tresen stehen und beobachtete den Fremden misstrauisch. Der war neu, ganz sicher. Er hatte ihn noch nie zuvor hier gesehen. Die ganze Situation hatte etwas von einem amerikanischen Saloon im Wilden Westen, in dem die Rollen von Gut und Böse noch nicht klar verteilt waren.

Der Fremde ohne Pferd sprach zuerst. »Dürfte ich vielleicht

einmal den Besitzer oder zumindest Verantwortlichen dieses …«
Er suchte vergeblich nach Worten.

»… Hotels?«, half ihm die Barkeeperin freundlich aus, während sie mit schwingenden Brüsten begann, die gespülten Gläser abzutrocknen.

»Ja, genau«, pflichtete ihr der Schwarze erleichtert bei. »Ist der zu sprechen?«

»Da haben Sie Glück«, plauderte die Bardame fröhlich. »Schmöbe steht genau neben Ihnen.«

Überrascht drehte sich Klemser um, und Schmöbe streckte ihm sofort seine muskulöse Hand entgegen.

»Schmöbe, Geschäftsführung, sehr erfreut. Was kann ich für Sie tun?«

Schmöbe schaute dem Mann geradewegs ins Gesicht. Obwohl dessen Hut noch immer ziemlich tief in der Stirn saß, fiel bei ihm sofort der Groschen. »Der Erdbeerschorsch«, stieß er unvermittelt hervor. »Welch angenehme Überraschung, Herr Klemser! Ich dachte schon, Sie würden nie den Weg in unser Etablis–« Weiter kam er nicht. Schon bei der Erwähnung der volkstümlichen Bezeichnung seines hohen Kirchenamtes hatte Klemser die Stirn in Falten gelegt, aber nun war es Zeit, etwas klarzustellen. Er unterbrach Schmöbe.

»Herr Schmöbe, ich bin nicht aus dem Grunde hier, den Sie vielleicht berechtigterweise annehmen. Ich habe ein ganz anderes Anliegen.« Schmöbe war verblüfft. Da kam das Oberbrikett endlich mal vorbei und wollte dann noch nicht einmal das, was alle anderen Schwarzen wollten? Das war ja mal was ganz Neues. Und einen besonders ausgehungerten Eindruck machte der Typ auch nicht wirklich. Was war also dann los?

»Nicht?«, fragte er misstrauisch und etwas verunsichert. Sein Auftauchen würde doch wohl nicht etwa auf eine Beschwerde oder womöglich Anzeige kirchlicherseits hinauslaufen?

»Äh, nein. Es ist so. Bitte entschuldigen Sie mein etwas unorthodoxes Auftreten. Aber es ist – einer meiner Mitarbeiter ist seit heute Abend, wie soll ich sagen … er ist abgängig?« Klemser schaute hilflos, aber Schmöbe begriff noch immer nicht.

50

»Ein Mitarbeiter ist abgängig? Was genau meinen Sie damit, Herr Erzbischof?«, fragte der Leiter des »FKK Frankonia« nach.

»Nun, wie soll ich es ausdrücken?« Klemser räusperte sich. »Eben abgängig. Er ist nicht zur Arbeit erschienen, er fehlt – unentschuldigt«, hängte er noch hinten dran.

Schmöbe rieb sich mit Daumen und Zeigefinger die Nasenwurzel. Der Typ begann ihn zu nerven. Konnte der nicht Klartext reden? Schließlich war das hier nicht seine Kirche, und er war nicht zum Predigen hier, verdammt!

»Herr Klemser, es wäre für uns beide einfacher, wenn Sie mir sagen, um wen es sich konkret handelt. Ich bin sicher, wir werden dann sofort klären können, ob sich dieser Mitarbeiter in den Räumlichkeiten unseres Hauses aufhält. Wäre das vielleicht möglich?« Schmöbe schaute den Erzbischof erwartungsvoll an, dessen Gesicht ganz plötzlich Farbe bekommen hatte. Klemser überlegte einen kurzen Moment, dann stieß er ein resigniertes »Töffling« hervor.

Schmöbe zog sofort die Augenbrauen hoch und wandte sich der Bardame zu. »Erna, sach amal, war der Weiberschorsch heut da?«, fragte er laut, während Klemser sich verstohlen umsah, ob sie auch nicht beobachtet wurden.

»Klar, der Döffling is scho lang da«, antwortete das Busenwunder wie aus der Pistole geschossen. »Der is doch oben bei der Margot.« Sie warf einen Blick auf die große Wanduhr über der Eingangstür und grinste dann. »Na, der lässt sich's aber heud so richtich gut gehen, der alde Gnagger«, trötete sie quer durch den Raum.

Schmöbe zuckte zusammen. Margot? Wieso denn Margot? Margot war doch vorhin mit diesem Ingenieurtypen von Brose zugange gewesen, oder etwa nicht? Sie konnte doch nicht mit zwei Freiern gleichzeitig … Oder konnte sie doch? Da war doch etwas oberfaul. »Kommen Sie mit!«, rief er Klemser zu und stürmte die Treppe in den ersten Stock hinauf. Er klopfte kurz an die Tür des Zimmers 13, und als niemand antwortete, trat er mit dem Erzbischof im Schlepptau ein. Sofort wusste er, dass etwas nicht stimmen konnte. Die Kerzen in einem Leuchter waren bis auf kurze Stummel heruntergebrannt, Rauchschwaden hüllten das Zimmer in einen nebligen Dunst, und es stank unbarmherzig nach Weihrauch.

»Dort!« Der Erzbischof deutete auf das große messingfarbene Kreuz, das auf dem Bett lag.

Schmöbe hob es vom Laken und wog es prüfend in der Hand. Dann suchte und fand sein geübter Blick den geöffneten Arztkoffer Töfflings auf der Kommode. Schmöbe griff sich den Koffer und begann den Inhalt ans Tageslicht zu befördern. Als er die neongelben Kondome zu fassen bekam, hielt er sie Klemser direkt unter die Nase.

»Das ist der endgültige Beweis«, sagte Schmöbe. »Die gehören Töffling.«

»Und woher wollen Sie das wissen?«, fragte der Erzbischof skeptisch. »In so einem Etablissement werden diese Dinger doch bestimmt öfter ...«

»Niemand sonst hier benutzt so beknackte Farben und so kleine Größen«, unterbrach ihn Schmöbe sofort, dann dachte er einen Moment nach. Ihm war klar geworden, dass in diesem Zimmer etwas fürchterlich schiefgelaufen sein musste. Aber was? Margot musste der Schlüssel zu dem Rätsel sein. Er holte sein Handy heraus und wählte ihre Nummer.

»Können wir nicht wieder fahren, Margot? Mir ist so kalt. Du kannst dein Auto doch auch ein anderes Mal verbrennen lassen«, nörgelte Cindy und warf ihren Zigarettenstummel in einen der Schneehaufen am Zaun der Bamberger Müllverbrennung. Dann vergrub sie ihre Hände in ihre dürftige Oberbekleidung und schaute Margot strafend an.

Ihre Freundin hatte bereits zum wiederholten Mal vergeblich versucht, diesen elend hohen Zaun zu überklettern, aber wegen der Kälte waren ihre Finger nach kürzester Zeit bereits stocksteif gefroren. Eine derartige Kraxelübung war schon im Sommer eine Herausforderung, aber im Winter unmöglich zu bewerkstelligen. Selbst mit Springerstiefeln und einer verdammt guten körperlichen Grundkondition. Schwer atmend stand Margot am Rand des Tores und schaute frustriert nach oben.

»Dann lass uns halt fahren und ein Video schauen«, nörgelte Cindy ungeduldig.

»Es heißt DVD, Süße. Videos gibt es schon lang nicht mehr«, sagte Margot beiläufig, während sie immer noch keuchend überlegte, wie es denn nun weitergehen sollte. Aber ehe Cindy zur weiteren allgemeinen Verwirrung beitragen konnte, machte sich Margots Telefon auf dem Rücksitz des Wagens bemerkbar. Bevor sie noch ein schnelles »Halt! Nicht!« rufen konnte, hatte Cindy auch schon das Handy gegriffen, es aufgeklappt und den Anruf entgegengenommen. Ihr Gesicht rötete sich leicht, und in ihrem Mienenspiel war ein Anflug von Protest zu erkennen. Sekunden später streckte sie den Arm aus und hielt Margot das Handy entgegen. Ihrem Gesichtsausdruck nach befand sich Cindy bereits wieder knapp vor der heultechnischen Wassergrenze.

»Und sag Schmöbe, er soll mich nicht mehr ›dämlicher Stallhase‹ nennen«, schniefte sie beleidigt, während sie mit der freien Hand ein Papiertaschentuch aus ihrem Handtäschchen zauberte.

Margot bedachte sie mit einem vernichtenden Blick, als sie ihr das Handy aus der Hand riss und sich selbst ans Ohr knallte. »Was gibt's?«, schleuderte sie ihrem Gesprächspartner schroff entgegen.

Schmöbe war genervt. Extrem genervt sogar. Erst ein unzufriedener Kunde, die Polizei im Haus, dann der Erzbischof, der aber kein Geld brachte, sondern nur eine Vermisstenmeldung, und zuletzt ein nackter Weihbischof, der mit zwei seiner leichten Mädchen mir nichts, dir nichts einfach verschwunden war. Und das alles noch an Heiligabend, dem Fest der Bescherung. Genau die hatte er jetzt.

Als Erstes hatte er Cindy, den einfältigen Traum aller Männer, am Handy. Er wusste, dass die hohle Nuss nicht der Schlüssel seines Problems sein würde, also verlangte er mit deutlichen Worten, Margot zu sprechen. Schließlich hatte seine Edelprostituierte angeblich sogar etliche Semester an der Bamberger Uni studiert, da konnte man ja wohl eine schlüssige Erklärung der aktuellen Situation erwarten. Und wehe, sie würde keine plausible Begründung für all das hier liefern können, dann …

Erzbischof Klemser legte ihm eine Hand auf die Schulter und nahm dem verblüfften Schmöbe ruhig, aber bestimmt das Handy aus der Hand. »Lassen Sie mich mit den Damen sprechen«, sagte er lächelnd zu ihm. »Ich bin sicher, wir werden eine akzeptable Lösung für alle Parteien finden.« Dann führte er das Handy an sein Ohr und sagte voller Sanftmut: »Hallo, hier spricht ein Freund, der Ihnen in Ihrer misslichen Situation unter die Arme greifen möchte.«

»Wer spricht da?«, fragte Margot ungläubig. Gerade war doch noch Schmöbe am Telefon gewesen? Dann wurden ihre Augen groß, und aus ihrer Miene sprach das basse Erstaunen. Obwohl sie aufmerksam zuhörte, konnte sie doch nicht recht glauben, was sie da hörte. Sie hatte ja fast mit allem gerechnet, aber ganz bestimmt nicht mit einer derartigen Wendung der Dinge. Was der Kirchenmann ihr vorschlug, klang ja alles schön und gut, trotzdem war sie unsicher, ob sie das Risiko eingehen sollte.

»Einen Moment«, sprach sie zögernd ins Telefon, »da muss ich erst mal kurz nachdenken.« Sie legte die Hand auf das Handy und schaute Cindy fragend an.

»Was ist los, Margot, warum schaust du so ernst?«, fragte Cindy, die jetzt im Bestreben, sich einigermaßen warm zu halten, verfroren auf der Stelle hüpfte.

»Das wirst du nicht glauben, aber am Telefon ist der Erdbeerschorsch, das Oberbrikett. Er will uns tatsächlich ein Angebot machen.«

Zuerst riss Cindy die Augen auf, dann schlug sie voller Panik die Hände vors Gesicht, bevor ihre Hände eine extreme Abwehrhaltung einnahmen, als wollte sie ein großes Monster davon abhalten, sie zum Abendessen zu verspeisen.

»Neinneinnein! Margot, sag ihm, dass wir freihaben. Er soll sich eine andere aussuchen. Lisa oder noch besser Erna, die hat doch heut sowieso Thekendienst. Ich hab die Schnauze voll von diesen Brikettmännern! Scheiß auf die Kohle, ich will heute nur noch −«

»Cindy, halt die Klappe!«, fuhr Margot ihre Freundin an. »Der will nicht vögeln, der will unser totes Problem entsorgen. Und wir würden dafür sogar noch Kohle abgreifen. Aber ich weiß nicht, ob ich seinem Vorschlag trauen kann, schließlich kenn ich den nicht. Wenn es blöd läuft, haben wir unverrichteter Dinge die Bullen am Hals. Also, was meinst du?«

Cindy brauchte ein paar Sekunden, um zu begreifen, was ihre Freundin ihr eben mitgeteilt hatte. Dann verknüpften sich auch in ihrem Gehirn die Synapsen, ihre Hände begannen wieder zu fuchteln, und die Worte sprudelten nur so aus ihr heraus. »Jajaja, dochdochdoch! Der soll sofort kommen. Sein Geld brauch ich gar nicht, Hauptsache, er nimmt den da aus dem Auto mit. Bittebittebitte, Margot, sag ihm, er soll so schnell wie möglich kommen, ja?« Cindy stand vor Margot wie ein zwölfjähriges Schulkind, das sich seine Lieblingspuppe aus dem Schaufenster zu erbetteln gedachte. Margot schaute sie mitleidig an. Die Arme war offensichtlich völlig mit den Nerven fertig. Aber eigentlich hatten sie ja eh keine andere Wahl, sie mussten die Risikonummer fahren.

»Okay, wir machen's«, sagte Margot energisch ins Telefon. »Dann in zehn Minuten an der verabredeten Stelle. Aber wehe, ich sehe irgendwo irgendwelche Bullen, dann sind die Fotos von dem abgelebten Bischof morgen in der Redaktion vom ›Fränkischen Tag‹, klar?« Ohne eine Antwort abzuwarten, legte Margot auf.

Erzbischof Klemser schaute zuerst verblüfft, dann aber sehr zufrieden das stumme Handy an, bevor er es lächelnd an einen fragend dreinblickenden Schmöbe zurückgab.

»Na also, wer sagt's denn? Alles in Ordnung, Herr Schmöbe, dies ist ab sofort eine rein kirchliche Angelegenheit. Sie wird sehr unauffällig bereinigt werden. Sagen Sie, was kostet es, wenn Sie über diese unappetitlichen Vorfälle des heutigen Tages den Mantel des Schweigens decken?«

Schmöbe musste nur kurz überlegen, dann nannte er einen derart unverschämt hohen Betrag, dass er sich selbst sofort einen rechten Uppercut verabreicht hätte, wäre er der Erzbischof gewesen. Klemser nickte, ohne mit der Wimper zu zucken. Opfer mussten gebracht werden, wie der alte Otto Lilienthal schon seinerzeit orakelt hatte. Und je nach Situation waren die Opfer auch manchmal etwas größer.

»Und wenn ich Sie bitten würde, diese abstrusen Utensilien meines, äh, Mitarbeiters aus diesem Zimmer zu entfernen und unauffällig verschwinden zu lassen?«, fragte er nach.

»Das Doppelte«, sagte Schmöbe mit geschäftsmäßiger Strenge.

Erzbischof Klemser zog seine Brieftasche heraus und zählte dem Besitzer des »FKK Frankonia« emotionslos die Scheine in die Hand. »Nun, Herr Schmöbe, ich danke Ihnen für die Zusammenarbeit, trotzdem werden Sie verstehen, dass ich hoffe, dieses ... äh, Hotel nicht mehr betreten zu müssen.«

Er deutete ein Kopfnicken an, drehte sich abrupt um und ging Richtung Treppe, die zum Ausgang hinunterführte. Schmöbe betrachtete sichtlich zufrieden das Geldbündel in seinen Händen. Es war ihm so was von egal, ob er das Oberbrikett jemals wiedersah oder nicht.

In der Ottokirche nahm der Mesner einen tiefen Schluck aus der Flasche mit dem Messwein. Seine schlimmsten Befürchtungen waren eingetreten. Irgendwann hatte es ja mal so kommen müssen. Aber er war gewillt, den guten Ruf seines Arbeitgebers zu retten. Jedenfalls so gut er das eben konnte. Nun trug er das volle Ornat eines Weihbischofs, der eine Christmette abzuhalten hatte. Ihm gegenüber saßen die Ministranten und schauten ihn erwartungsvoll an. Noch einmal nahm er einen üppigen Schluck, dann erhob er sich und nickte den Ministranten zu. Als die Orgel ertönte, begann der Mesner mit der üblichen Liturgie eines katholischen Gottesdienstes. Zwar war er aufgeregt, sich aber ziemlich sicher, dass niemand den Unterschied merken würde. Wahrscheinlich konnte er den Gottesdienst sogar besser abhalten als der Weihbischof selbst. Eigentlich war das für ihn genauso einfach, wie einen Karaokesong vorzutragen, den er schon tausendmal in der Badewanne mitgeträllert hatte. Nein, ganz bestimmt würde es niemand merken, dass dies sein erster Gottesdienst überhaupt war, den er leitete. Bestenfalls würde der eine oder andere Kirchgänger kurz stutzen, um ihn dann schulterzuckend als neuen Weihbischof zu akzeptieren. Ach, schau an, würde er denken, ist der alte wohl nicht mehr da.

Margot parkte ihr gelbes Cabrio vor dem Tor zum Hinterhof des Diözesanarchivs, wie es der Erzbischof verlangt hatte. Aufmerksam musterte sie die Umgebung, aber es war nichts Verdächtiges zu bemerken. Ihr Blick glitt auf ihre wasserfeste Armbanduhr. Wenn der Erdbeerschorsch sie verarschen wollte oder auch nur eine Minute zu spät kam, dann würden sie von hier in null Komma Josef verschwunden sein. Aber es waren ja noch über fünf Minuten bis zur vereinbarten Zeit. Margot blickte an der steilen, modernen Fassade des Archivs hinauf. In Gedanken ging sie noch einmal die Fakten durch, die sie damals in ihrem Studium über den Bau des Archivs gelernt hatte.

Mit der Gründung des Bistums Bamberg an Allerheiligen 1007 durch König Heinrich II. begann die Geschichte des Archivs. Ursprünglich wurde in ihm der gesamte schriftliche Niederschlag der Bistumsverwaltung vereinigt, später erfolgte die inhaltliche Trennung der Bestände in je ein Archiv des Domstifts und des Domkapitels. Räumlich wurden die Archivbestände jedoch nicht getrennt.

Mit dem ausgehenden 13. Jahrhundert bildete sich das Diözesanarchiv heraus. Es umfasste das Schriftgut über die Tätigkeit der Bischöfe als Kirchenfürsten, Reichsfürsten und Landesherren. Etwa 1460 begann das Generalvikariat der Diözese, die bei ihm liegenden Dokumente in einer Sonderregistratur abzulegen, und von diesen Beständen gingen bei der Säkularisation die Protokollbände in den kirchlichen Besitz über.

Übermäßige Raumnot zur Jahrtausendwende hatte den Bau eines neuen Archivs zur Folge. Das neue, fünfgeschossige Archivgebäude wurde in hochmoderner Bauweise mit drei Magazinbauten sowie einem Büro- und Verwaltungstrakt in kurzer Entfernung vom Sitz der Bistumsleitung Richtung Gaustadt errichtet. Am 15. Januar 2002 wurde es wiedereröffnet.

Jetzt, am Heiligen Abend 2011 um kurz vor zwanzig Uhr, war im Archiv natürlich alles dunkel, alle Türen waren verschlossen. Margot hatte keine Ahnung, was der Erzbischof vorhatte, aber bitte, man konnte sich seinen Plan ja wenigstens mal anhören. Immerhin schien ihm ja mindestens genauso an einer sauberen Lösung gelegen zu sein wie ihnen. Gerade als die schon wieder frierende Cindy zu ihr kam und fragen wollte, wie es denn nun weiterginge, erblickte sie die schwarze Limousine des Gottesmannes. Der Wagen fuhr über die Brücke und bog nach rechts zum Kanalufer ab, an dem das neue Archiv erbaut worden war. Etwa fünfzig Meter weiter, am Beginn der Wohnsiedlung, stellte Klemser den Motor ab, stieg aus und kam dann gemessenen Schrittes auf Margot und Cindy zu. In etwa zwei Meter Entfernung blieb er stehen und musterte die beiden Prostituierten eine Weile wortlos. Dann legte sich ein seltsamer Glanz über seine Augen.

»Da sind sie also, meine beiden gefallenen Töchter, soso«, spottete er anzüglich.

Margot glaubte, sich verhört zu haben. »Und das ist also der gefallene Weihbischof, der da in unserem Auto liegt, soso«, äffte sie ihn selbstbewusst nach.

Sofort verschwand der spöttische Ausdruck von Klemsers Gesicht. Statt zu antworten, bedeutete er ihnen, ihm zu folgen. Am großen Tor zum Hinterhof hielt er kurz inne, fummelte einen Schlüsselbund heraus und öffnete das Sicherheitsschloss des großen Tores.

Lautlos schwangen die Torflügel beiseite, und der Erzbischof deutete mit dem Finger auf den Hintereingang mit der betonierten Laderampe.

Als das Cabrio vorbeigefahren war und Margot an der Rampe den Motor abstellte, ging Klemser zu den beiden Damen, die bereits ausstiegen, und fragte kurz und knapp: »Wo ist Töffling?«

Margot drehte sich mit einem spöttischen Grinsen im Gesicht um und hievte mit all ihrer antrainierten Kraft den Sack mit dem toten Töffling aus dem Kofferraum des Mazda. Als sie den Reißverschluss des Playboy-Überzugs öffnete, schaute

Klemser kurz hinein. Ein Blick genügte, und er wusste, was seinem Weihbischof heute im »Frankonia« passiert war. Jetzt galt es, keine unnötige Zeit mehr zu verlieren.

»Okay, meine Damen, hier ist der Plan«, sagte er nach kurzem Kopfschütteln. »Sie bringen das … Objekt«, er deutete auf den toten Töffling, »rüber zum Lift und fahren in den fünften Stock, wo sich der große Lesesaal des Archivs befindet. Dort legen Sie die Leiche ab. Anschließend kommen Sie wieder herunter und können sofort verschwinden. Ich werde später aus Weihbischof Töfflings Wohnung Kleidung besorgen, sodass am 27. Dezember, wenn das Archiv wieder öffnet, alles so aussehen wird, als habe der arme Mann bei der Studienarbeit einen Herzinfarkt erlitten.« Er hielt kurz inne, dann fuhr er fort: »Für Ihre Mühe werden Sie natürlich von der Erzdiözese Bamberg entlohnt werden.« Er war so sachlich wie ein Krapfenverkäufer auf dem Bamberger Weihnachtsmarkt und hielt Cindy vier Fünfhundert-Euro-Scheine vor die Nase, die sich Margot sofort unter ihre lackierten Nägel riss.

»Wenn Sie wieder herunterkommen und alles auftragsgemäß erledigt haben, erhalten sie noch einmal die gleiche Summe. In Ordnung?«, fragte er, ohne den Eindruck zu erwecken, als würde er eine negative Antwort erwarten.

Margot schaute ihm fest in die Augen, aber der Erzbischof hielt ihrem Blick mühelos stand. Schließlich gab sie auf. Der Plan klang plausibel, logisch. Auf das Geld konnte sie verzichten, Hauptsache, sie kamen aus der Sache mit heiler Haut wieder raus. Aber behalten würden sie den Geldregen trotzdem.

Sie drehte sich um und wollte den Sack an einer Seite anheben, als Klemser noch schnell hinzufügte: »Ach so, ja, was ich noch vergessen habe: Bitte schaffen Sie das Objekt ohne Sack nach oben.«

Margot lächelte kurz und zynisch. »Ich nehme doch an, Sie meinen den Sack mit dem Playboy-Hasen, oder? An dem anderen müsstest du dich schon selbst vergreifen, Süßer.« Sie gab Cindy ein Zeichen, woraufhin diese umständlich die dünnen Beine des Toten ergriff. Langsam schleppten sie Töffling zum Lift und ließen ihn dann zu Boden gleiten. Margot drückte den zum fünften Stock gehörigen Knopf mit der großen Aufschrift »Lesesaal«.

Ein letztes Mal warf sie einen Blick auf den Erzbischof, der abwartend im Hof stand. Dann schloss sich schmatzend die Tür des Liftes, und sie spürte, wie sie nach oben fuhren. Margot schaute die nervöse, Kaugummi kauende Cindy an. Sie wusste, dass auch sie ein ungutes Gefühl hatte.

Während sich die beiden Prostituierten im Lift auf dem Weg in die fünfte Etage befanden, holte Klemser sein Handy heraus und drückte eine Kurzwahltaste. Als sich die Polizeidienststelle meldete, kannte er kein Zögern.

»Ja, hallo. Ist dort die Kriminalpolizei? Ich möchte einen Mord melden. Im neuen Diözesanarchiv, oberster Stock, Lesesaal. Das Opfer ist Weihbischof Töffling. Kommen Sie schnell!«

Er legte auf, ließ das Handy im dunklen Stoff seiner Mantelinnentasche verschwinden und stieg dann in das Mazda Cabrio der beiden Ladys, in dem der Schlüssel noch steckte. Rückwärts fuhr er es aus dem Hinterhof hinaus und stellte es direkt vor dem Haupteingang ab. Dann öffnete er die Tür des Archivs, die er sperrangelweit offen stehen ließ. Im Treppenhaus schaltete er alle Lichter ein, dann ging er wieder in den Hinterhof zurück, zog provisorisch das Tor zu, ohne abzuschließen, stellte sich an die dunkle Mauer des Gebäudes und wartete. Ein diabolisches Flackern stahl sich in seine Augen. Das unappetitliche Problem würde schon sehr bald auf eine sehr elegante Art und Weise gelöst worden sein.

Honeypenny klopfte ungeduldig an die Tür der Männertoilette.

»Ja, mein Gott!«, konnte sie von drinnen die genervte Stimme Lagerfelds hören.

Als sie die Tür öffnete, sah sie den Kollegen vor dem Spiegel über dem Waschbecken stehen. Sehr konzentriert schwenkte er seinen Kopf vor dem Spiegel hin und her, um die neue Sonnenbrille aus allen Perspektiven zu würdigen.

»Was gibt's denn, Honeypenny? Es ist doch Heiligabend.

Kann man nicht mal auf der Toilette in Ruhe ein besinnliches Weihnachtsfest feiern?«, maulte ein sichtlich mit seinem neuen Outfit beschäftigter Lagerfeld.

»Du bist jetzt fast eine Stunde hier drin, Bernd«, fauchte Honeypenny ungeduldig. »Was treibst du nur so lange, zum Teufel?«

Lagerfeld hörte nur mit einem Ohr hin, während er sich weiterhin sehr zufrieden im Toilettenspiegel betrachtete. Nach zwei Sekunden hatte er Honeypennys Anwesenheit schon wieder vergessen.

»Schluss jetzt, wir haben einen gemeldeten Mordfall.« Honeypenny machte einen zunehmend angefressenen Eindruck und hielt Lagerfeld einen Zettel hin. »Gerade haben wir einen anonymen Anruf erhalten. Angeblich ist der Weihbischof ermordet worden. Und zwar im Lesesaal des Diözesanarchivs.«

Bernd Schmitt alias »Lagerfeld« drehte sich zu ihr um und verzog das Gesicht zu einer deprimierten Kommissarenmiene. »Nee, oder? Das ist doch jetzt todsicher eine Verarsche, oder? Das darf doch nicht wahr sein.« Hatte die Bamberger Unterwelt denn vor hohen Feiertagen gar keine Achtung mehr? Vorausgesetzt natürlich, es handelte sich überhaupt um einen echten Mordfall. Die Chancen standen ja gut, dass es sich bei dem Anrufer wie jedes Weihnachten um einen frustrierten und verzweifelten Aufmerksamkeitserreger handelte, der auf abstruse Weise nach einem Gesprächspartner suchte. Doch auch die fast sichere Vermutung half nichts, hinfahren mussten sie trotzdem. Genervt grabschte sich Lagerfeld den Zettel und stürmte aus der Männertoilette.

»Kommissar Huppendorfer, auf geht's! Angeblich gibt's Leichen im Diözesanarchiv!«, rief er seinem Kollegen am Computer zu.

Auch der reagierte nicht gerade euphorisch, sondern ließ gespielt resigniert seinen Kopf auf die Brust sinken. »Heut, an Heilichabend, bei dera Kält?«, brummelte er und stöhnte noch etwas Unverständliches hinterher. Dann griff er nach seiner gefütterten Lederjacke und folgte Lagerfeld, der bereits durch die Bürotür entschwunden war.

Nachdem sie die nackte Bischofsleiche aus dem Aufzug geschleppt hatten, legten sie sie erst einmal keuchend ab. Margot richtete sich auf und wischte sich den Schweiß von der Stirn. Als sie sich prüfend umsah, erblickte sie das Schild »Lesesaal«, das neben der halb offenen Tür prangte, die dem Aufzug genau gegenüberlag. Mit ihrem rechten Armeestiefel stieß sie die Tür auf und tastete in der Dunkelheit des vor ihr liegenden Raumes nach dem Lichtschalter. Sekunden später flammten die Neonröhren der Deckenbeleuchtung des Lesesaals mit einem leisen Brummen auf.

Vor ihr lag ein großer Raum mit mehreren verstreut stehenden Lesetischen, die offensichtlich für Menschen gedacht waren, die die ausgeliehene Lektüre vor Ort genauer studieren wollten.

Na gut, dann würde Töffling eben hier seine vorerst letzte Ruhe finden, dachte sie entschlossen. Sie mussten ihn nur noch in die Mitte des Raumes schaffen, dann hätte dieser schreckliche Heilige Abend doch noch ein unerwartet glimpfliches Ende gefunden.

Margot ging wieder vor die Tür, wo Cindy nervös Kaugummi kauend auf sie wartete. Auf Margots Kommando hoben sie Töffling gemeinsam hoch und schleppten ihn in die Saalmitte. Ein wahrer Kraftakt für die beiden Frauen, besonders für die in solch körperlichen Tätigkeiten eher ungeübte Cindy. Als sie am angenommenen geografischen Mittelpunkt des Raumes die Leiche entkräftet fallen ließen, schlug der Hinterkopf des Toten mit einem lauten »Pock« auf dem Fußboden auf. Entsetzt schlug Cindy sich die Hände vor den Mund, woraufhin Margot sie fragend ansah.

»Das hat ihm doch bestimmt wehgetan.« Mitleidsvoll betrachtete Cindy den starr an die Decke blickenden toten Weihbischof.

Margot schloss resigniert die Augen und fasste sich mit der rechten Hand an den Kopf. Wehgetan? Die Frau machte sie noch wahnsinnig.

»Der Mann ist tot, Cindy, der spürt nichts mehr, nirgendwo, klar?«

Cindy war jedoch nur bedingt einsichtig. »Aber das heißt doch noch lange nicht, dass ...«

Synchron warfen Margot und Cindy ihre Köpfe Richtung Saaltür herum. Aus dem Treppenhaus waren Schritte zu hören.

»Hallo, Polizei, ist jemand hier?«, rief jemand etliche Stockwerke tiefer.

Cindy erstarrte für einen kurzen Augenblick zu einer rosa Salzsäule, dann presste sie sich zitternd an Margot und hielt sich wimmernd an ihrem Arm fest. Margots Gedanken rasten. Polizei? Wo kam die denn jetzt plötzlich her? Sofort zählte sie eins und eins zusammen und erkannte die miserable Lage, in der sie sich befanden. Das schnelle Erscheinen der Polizei konnte nur eines bedeuten: Klemser, dieser miese Drecksack, hatte sie verpfiffen und verkauft. Sie saßen in der Falle. Ihr Blick hetzte von einer Ecke des Raumes zur nächsten. Sie befanden sich im obersten Stock, aber Lift und Treppenhaus konnten sie vergessen. Hier ging's nicht mehr weiter, Endstation.

»EsistausesistausichkomminsGefängnis«, wimmerte Cindy leise vor sich hin. Für sie war das Ende der Welt nahe, jede Hoffnung dahin. Das schöne Weihnachtsvideo konnte sie nun definitiv abschreiben und stattdessen nur noch auf das Eintreffen der Polizei warten.

»Mach das Fenster auf«, zischte Margot leise und stieß ihre Freundin von sich. Sie selbst griff dem schweren männlichen Leichnam unter die Arme und wuchtete ihn mit aller Kraft nach oben. Ein Mal atmete sie kurz durch, dann schleifte sie ihn mit eisernem Willen und einer Kraftanstrengung, die sich gewaschen hatte, zum geöffneten Fenster, an dem Cindy noch immer stand und hektisch zur Saaltür blickte. Jeden Moment konnten hier die Bullen auftauchen. Margot ließ Töffling fallen, rannte zum Schalter neben der Tür und löschte das Licht.

»Los, fass endlich mit an«, wisperte sie ihrer deprimierten Freundin zu, als sie wieder am Fenster stand.

»Und ich hatte mich schon darauf gefreut, heute Abend mit dir gemütlich Weihnachtslieder trällern zu können«, meinte der halbe Brasilianer César Huppendorfer zu Lagerfeld, der mit seinem Honda Cabrio über die Kreuzung an der Ottokirche bretterte. Es zog durch sämtliche Ritzen des Stoffverdecks des fast zwölf Jahre alten Flitzers. Eindeutig ein Sommerauto mit leichten bis schweren Zugproblemen.

Aus der Ottokirche strömten zahlreiche Besucher der Christmette, die wohl gerade ihr besinnliches Ende gefunden hatte.

»Ein toter Weihbischof im Diözesanarchiv. Das glaub ich erst, wenn ich's sehe«, knurrte Lagerfeld schlecht gelaunt. Viel lieber hätte er noch einige Zeit mit seinem selbsttönenden Weihnachtsgeschenk vor dem Spiegel verbracht.

Der tote Bischof war bestimmt genauso eine Verarsche wie der angebliche Mord beim Fischerstechen, den besoffene Bayreuther während der Sandkerwa gemeldet hatten. Wahnsinnig witzig! Ein Abend ohne Kerwa-Bier war für Lagerfeld das Ergebnis gewesen. Immerhin hatten die Herrschaften aus der oberfränkischen Regierungszentrale eine ziemlich ungemütliche Zeit in ihrer Ausnüchterungszelle verbringen dürfen, das würden die sich für die Zukunft merken. Das darauffolgende Verhör mit einem missgelaunten Lagerfeld war ebenso wenig lustig gewesen. Würde man die Herren jetzt danach fragen, so käme die Antwort schnell: lieber zwei Wochen Wasserfolter in Guantánamo als nur noch ein Mal eine halbe Stunde Lagerfeld. Ersteres war im Vergleich zu Letzterem wie Urlaub.

Würde heute wieder so etwas Ähnliches ablaufen, dann gnade Gott denen, die sich diesen Scherz mit Lagerfeld erlaubten. Mit quietschenden Reifen hielt er vor dem Archiv, und die beiden Kommissare stiegen aus. Sofort fiel Lagerfelds Blick auf das gelbe Cabrio vor dem Haupteingang.

»Margot?« Verblüfft runzelte er die Stirn. Huppendorfer sah ihn fragend an.

»Ich weiß, wem die gelbe Rakete gehört«, beantwortete Lagerfeld die unausgesprochene Frage, die in der kalten Dezemberluft hing. »Ich war früher mal bei der Sitte ... und wollte das Teil sogar selbst einmal kaufen.«

Huppendorfer schüttelte ungläubig den Kopf. »Kaufen? Diese hässliche Schüssel da? Die Karre sieht ja noch bemitleidenswerter aus als dein verunstalteter Honda ... Das glaub ich ja jetzt nicht! – Schau mal, die Tür ist offen!« Überrascht deutete er auf den Haupteingang des Archivs.

Hässliche Schüssel? Ahnungsloser Ignorant, Huppendorfer, du! Der Honda war damals nur die zweitbeste Lösung gewesen, da Margot sich nicht zum Verkauf hatte bewegen lassen. Lagerfeld hatte es mit allen legalen und halb legalen Methoden probiert, aber die militante Professionelle aus dem »Frankonia« war hart wie Kruppstahl geblieben. Von dem Ereignis mal abgesehen hatte er eigentlich immer ein gutes Verhältnis zu seinen Mädchen von der Straße gehabt. Besonders zu Margot, die damals als Neunzehnjährige noch neu im Geschäft war. Neu, aber schon clever und abgezockt. Durch die Arbeit im »Frankonia« hatte sie sich ihr Studium finanziert. Bereits damals hatte Lagerfeld prognostiziert, dass sie ihren Weg in der Branche gehen würde. Aber was, zum Teufel, hatten Margot und ihr Cabrio am Heiligen Abend am Diözesanarchiv zu schaffen? Nun, er würde die mysteriösen Umstände aufklären. Mit gezogener Waffe bedeutete er Huppendorfer, ihm zu folgen.

»Hallo, Polizei, ist jemand hier?«, rief er laut in das beleuchtete Treppenhaus. Als er keine Antwort erhielt, gingen sie vorsichtig, aber entschlossen die Treppen hinauf.

»Los, hilf mir«, presste Margot zwischen zusammengebissenen Zähnen hervor.

»Was hast du vor? Was soll das werden?«, fragte Cindy leise heulend.

»Ja, was denn wohl, *my dear*, wir werfen ihn aus dem Fenster! Jetzt hilf doch endlich!«, herrschte Margot sie an. Doch Cindy rührte keinen Finger, sondern blickte nur völlig verwirrt zwischen Töffling und Margot hin und her. Ihre individuelle Speicherkapazität war erschöpft. Sie kriegte das, was Margot eben zu ihr gesagt hatte, einfach nicht mehr auf ihre feine, aber kleine Festplatte.

»Da hinaus? Aber, Margot, weißt du denn nicht, wie hoch das ist? Das wird er doch niemals überleben … Margot, bitte!«, faselte sie zusammenhanglose Sinnlosigkeiten vor sich hin.

Ihr Blick flackerte unstet, und Margot fühlte unendliches Mitleid in sich aufsteigen. Aber Mitleid würde ihnen jetzt nicht weiterhelfen. Es drohte der Frauenknast – und zwar bis ans Ende ihrer Tage. Hier half nur entschlossenes Handeln, aber ohne Cindy würde sie es nicht schaffen.

»Entweder fasst du jetzt mit an, Cindy, oder wir landen beide lebenslang im Knast. Hast du verstanden? Wenn du jetzt nicht gleich anpackst, dann, dann«, Margot überlegte eine Sekunde, »dann lass ich dich mit dem toten Brikett hier allein. Und dein bescheuertes Handy werde ich auch nie mehr aufladen, verstanden?«

Cindy zuckte zusammen, das Flackern verschwand aus ihren Augen, und ihr Blick wurde wieder einigermaßen klar. Dafür sprach jetzt das blanke Entsetzen aus ihren tränennassen Augen. »Das kannst du doch nicht machen, Margot«, schluchzte sie mit erstickter Stimme.

»Und ob ich das kann«, schmetterte ihr Margot unbarmherzig entgegen. Ihr Blick schob Cindy regelrecht in Richtung der Fensterbrüstung.

Mit einem ihrer rosafarbenen Ärmel wischte sich Cindy die Tränen aus dem Gesicht, dann bückte sie sich und griff widerwillig nach den faltigen Knöcheln des toten Bischofs.

Lagerfeld und Huppendorfer hatten sich Stockwerk für Stockwerk aufwärtsgearbeitet und alle Räume abgecheckt – zumindest diejenigen, deren Türen offen waren. Die meisten waren es nicht. Im obersten Stock wandten sie sich sofort zum Lesesaal. Die beiden Kommissare wussten, wie sie sich in solchen gefährlichen Situationen zu verhalten hatten, reine Routine. Mit der Waffe im Anschlag standen sie rechts und links neben der Tür. Huppendorfer spähte vorsichtig in den dunklen Raum hinein, bevor er sich schnell wieder zurückzog, seinen Kollegen anblickte und den Kopf schüttelte.

Lagerfeld überlegte kurz, dann rief er: »Polizei, ist da jemand? Wenn ja, kommen Sie mit erhobenen Händen heraus!«

Es folgte ein kurzer Moment der Stille, dann hörte man die dünne, verängstigte Stimme einer jungen Frau: »Hier ist niemand. Bitte, gehen Sie.«

Sofort darauf schallte ein lautes Klatschen durch den Raum, und eine weibliche Person begann protestierend zu weinen. Lagerfeld wurde es zu blöd. Er presste sich eng an den Türrahmen und betätigte den Lichtschalter. Nachdem er die Szenerie, die sich ihm bot, für einen Augenblick auf sich hatte wirken lassen, steckte er die Waffe mit einem Seufzen ins Innenholster zurück.

Soweit er das beurteilen konnte, gab es hier keinen toten Bischof. Stattdessen stand seine gute alte Margot mit einer Kollegin der bunteren Art zusammen. Die Rosafarbene trug offensichtlich noch immer ihre Dienstkleidung, allerdings stand sie leicht gebückt an der Fenstergalerie und hielt sich ihre linke Backe, während Margot sie extrem angesäuert anblickte. Huppendorfer gesellte sich zu Lagerfeld und bestaunte ebenfalls die skurrile Melange.

»Was ist hier los, verdammt?«, fragte Lagerfeld halb belustigt, halb dienstlich, während er sich noch einmal in dem ansonsten völlig unverdächtig wirkenden Raum umsah. Die Rosafarbene öffnete den Mund, schloss ihn aber sofort wieder, als Margot drohend ihren Zeigefinger hob.

Lagerfeld tat so, als hätte er nichts bemerkt, und schaute Margot weiterhin fragend an. Diese erwiderte cool den Blick und sah noch einmal prüfend auf Cindy, bevor sie langsam und überlegt mit ihrer Erklärung begann.

Sie stünden hier schon seit zwei Stunden herum, weil jemand mit männlicher Stimme sie angerufen und hierherbestellt habe. Seinen Namen habe er nicht verraten, sondern ihnen nur mitgeteilt, dass sie ihre Arbeit heute Abend hier im Archiv zu verrichten hätten. Dafür würden sie auch übertariflich bezahlt werden, habe der Mann am Telefon gesagt. Auf dem Tisch hier seien mehrere Fünfhundert-Euro-Scheine gelegen, und sie hätten hier gewartet. Gerade hatten sie noch darüber gestritten, wie lange sie noch hier ausharren wollten. Zwar sei es ein Haufen Geld, aber irgendwann sei es ja dann auch mal gut mit der Warterei, beendete Margot ihren Vortrag. Und dann war die Polizei eingetroffen …

Lagerfeld strich sich mit der Hand durch den nicht vorhandenen Bart, schaute zu Huppendorfer, der mit den Schultern zuckte, schaute zu Margot zurück, die ihn sehr relaxt ansah, und schaute dann das rosafarbene Geschöpf an, das da neben Margot an dem Fenster lehnte.

»Stimmt das?«, stellte Lagerfeld bereits weit weniger streng die nunmehr protokollarische Frage.

Die überschminkte Cindy nickte bereitwillig und heftig mit ihrem blonden Köpfchen. »Es ist alles genau so, wie Margot sagt, ganz bestimmt.« Sie warf ihrer Freundin einen erleichterten Blick zu

»Können wir dann gehen?«, fragte Margot. Sie wirkte plötzlich genervt.

Lagerfeld musste innerlich schmunzeln. Da wurden die zwei von irgendwelchen Kirchenmännern hierherbestellt, und die Gottesdiener waren, aus welchen Gründen auch immer, nicht gekommen. Und dann hatten die Kuttenträger auch noch die Frechheit besessen, bei der Polizei anzurufen und einen Mord zu melden. Denn irgendwer aus der katholischen Szene musste ja dafür verantwortlich sein, die Tür am Haupteingang war ja bestimmt nicht von der Heiligen Jungfrau Maria aufgeschlossen worden.

Die beiden Mädels taten Lagerfeld leid. Da hatte sich wohl jemand einen teuren und üblen Scherz mit ihnen erlaubt. Na gut, dann würden sie das hier eben schnell zu Ende bringen und daheim wie üblich ihren Bericht schreiben. Wenn sie die Personalien aufgenommen hatten, würden sie heimfahren. Hoffentlich bekam niemand in der Dienststelle was von dieser Sache mit, sonst wäre ihnen das hämische Dauergelächter der Kollegen bis ins nächste Jahrtausend sicher. Wegen zweier leichter Mädchen ins Diözesanarchiv bestellt. Super Mordfall, Kollegen.

Als alles erledigt war, schlug Huppendorfer sein Notizbuch zu, und die beiden Kommissare wandten sich zum Gehen. An der Tür drehte sich Bernd Schmitt »Lagerfeld« noch einmal um. »Äh, Margot, das gelbe Cabrio dort unten ist inzwischen nicht zufällig zu verkaufen?«, fragte er mit unschuldigem Augenaufschlag. Seine Wimpern klimperten hoffnungsfroh. Ohne die Antwort der Prostituierten abzuwarten, packte ihn Kollege Huppendorfer am Ärmel und zog ihn energisch aus dem Raum.

An der Ottokirche legten sie noch einen kleinen Zwischenstopp ein, um zu überprüfen, ob der Weihbischof auch seinen Gottesdienst abgehalten hatte. Die letzten alten Frauen, die aus der Kirche gewackelt kamen, versicherten ihnen denn auch, der Weihbischof habe eine sehr schöne Christmette gehalten. So schön sei der Gottesdienst eigentlich noch nie gewesen, erklärten sie bereitwillig und schnäuzten sich gerührt in ihre grob karierten Stofftaschentücher. Die Kommissare waren erleichtert.

Damit schien alles geklärt. Ein praktizierender Weiberschorsch, ergo auch kein Mord. Also konnten sie sich den Besuch in der Sakristei, eine weitere Diskussion und auch peinliche Fragen, die der Bischof ihnen sicher hätte stellen müssen, ersparen. Nichts wie zurück zur Dienststelle und dann – Schwamm drüber.

Margot sah aus dem gegenüberliegenden Fenster, wie das Cabrio Lagerfelds davonbrauste. Sie schnappte sich den Arm ihrer Freundin, und dann rannten sie gemeinsam die Stufen im Treppenhaus hinunter. Margot schlug das Herz bis zum Hals. Woher hatte sie nur die Frechheit genommen, so abgebrüht diese Show abzuziehen? Jetzt schlotterten ihr die Arme und Beine so stark, dass sie Mühe hatte, nicht von den Stufen abzurutschen. Sie hatte die Nase endgültig voll von diesem verfluchten Weihnachtstag. Unten am Haupteingang löschten sie die letzten Lichter und zogen die Tür hinter sich zu.

»Können wir jetzt endlich nach Hause?«, fragte Cindy hoffnungsfroh.

»Spinnst du?«, blaffte Margot ihre Freundin an. »Wir müssen noch diesen Töffling loswerden, wir können ihn doch nicht einfach so im Hof rumliegen lassen. Der muss verschwinden – und zwar auf Nimmerwiedersehen. Klar? Und wenn du deinen kümmerlichen Verstand wenigstens ab und zu zum Denken und nicht für deine regelmäßigen Silikonpartys beim Schönheitschirurgen verwenden würdest, dann könntest du auch begreifen, wovon ich gerade rede, Schätzchen.« Energisch drehte sie sich um und machte sich daran, das große Eisentor zum Hinterhof zu öffnen. Sie hatte alles gesagt, was zu sagen gewesen war.

Doch Cindy fand die letzte Aussage Margots durchaus diskussionswürdig. Diese gemeine Unterstellung konnte sie nicht auf sich sitzen lassen. Und dann noch von der besten Freundin! »Was soll das denn heißen? Ich hab im letzten Jahr doch fast keine Operationen machen lassen. Schau mich an, wo hab ich denn zu viel, na, wo denn?« Auffordernd schaute sie ihre Freundin an, brachte sich wie für einen Gang über den Catwalk einer Dior-Modenschau in Paris in Positur und zupfte an ihrer knappen Garderobe.

Margot stieß das Tor mit einem Tritt auf, und die stählernen Flügel schwangen lautlos in das diffuse Dunkel des Hinterhofes. Dann ging sie mit energischen Schritten auf Cindy zu und legte der einfältigen Freundin beide Hände auf die Schultern. Sie lächelte mit einem »Wie-erklär-ich's-am-besten-meinem-Hund?«-Blick.

»Ob du zu viel Plastik in deinem Körper hast, Cindy?«, fragte sie ruhig, aber bestimmt. »Das willst du wirklich von mir wissen? Ich will's mal so ausdrücken: Wenn du tot bist, dann kommst du nicht ins Grab, sondern man entsorgt dich im gelben Sack, klar? Und jetzt komm endlich mit, verdammt noch mal!« Sie nahm ihre Freundin an der Hand und zerrte sie hinter sich her. Ihre Geduld war zu Ende. Suchend tastete sich ihr Blick durch die Finsternis des Hofes, bis sie gefunden hatte, wonach sie suchte. Allerdings stellte sich die Situation nicht so dar, wie Margot sie erwartet hatte.

Der tote Töffling lag direkt unter dem Fenster, aus dem sie ihn in ihrer Not geworfen hatten, doch das Problem war ein ganz anderes: Unter dem bäuchlings daliegenden Weihbischof ragten auf der einen Seite ein Stück schwarzer Wintermantel sowie die schwarzen Schuhe eines Mannes hervor, auf der anderen Seite Töfflings schaute sie Erzbischof Klemser mit völlig perplexem Gesichtsausdruck sowie merkwürdig verdrehtem Genick starr an. Schon wieder schlug sich Cindy die Hände vor

70

das Gesicht und stammelte: »Dasistnichtwahrdasistjetztnichtwirklichwahr.«

Margot hörte sich das eine Weile lang an, dann hob sie kurz den Finger, und Cindy verstummte augenblicklich. »Wir brauchen ein größeres Auto.« Cindy begann zu heulen.

Cindy saß verkrampft auf dem Beifahrersitz und heulte. Sie hatte mit dem Heulen am Archiv angefangen und nicht wieder aufgehört, während Margot mit Vollgas den verschneiten Uferweg des Erba-Geländes am Regnitzkanal entlangdonnerte. Von der gegenüberliegenden Uferseite des Regnitzarmes schimmerten die Lichter des unbelebten Hafengeländes herüber, an die sie aber keinen Blick verschwendete. Kurz entschlossen hatten sie die schwarze Limousine des Erzbischofs mit den zwei toten Würdenträgern beladen, die sich nun auf dem Rücksitz des massigen BMW aneinanderlehnten. Ohne zu zögern, hatte Margot den provisorischen Bauzaun der Landesgartenschau durchbrochen, was den BMW seinen linken vorderen Scheinwerfer gekostet hatte, und war nun auf der Suche nach einer finalen Lösung. Eigentlich hatte sie vorgehabt, die unangenehme Fracht irgendwo in den großen Hauptgebäuden des Erba-Hauptplatzes zu deponieren, aber die Brücke über den verdammten Fischpass war noch nicht fertig. Fast wären sie in die Spielgeräte des künstlichen Wasserlaufes gekracht, nur die überlebensgroße Figur eines Sams aus Strohballen hatte die Kollision relativ sanft verhindert. Allerdings kippte der Erzbischof durch den plötzlichen Bremsvorgang nach vorn, und dem erzbischöflichen Gebiss wurde beim Aufprall auf den Schalthebel des Automatikgetriebes ein Schneidezahn ausgeschlagen. Mühsam hatte Margot ihn wieder in eine sichere Positur auf den Rücksitz verfrachten müssen. Mit Cindy konnte sie nicht mehr rechnen. Ihre Freundin saß nur mehr mit fassungslosem Gesichtsausdruck auf dem Beifahrersitz und wünschte sich einen schnellen Tod.

Im fahlen Licht des verbliebenen Scheinwerfers entdeckte Margot eine große Schautafel des Geländes, die für die künftigen Besucher der Landesgartenschau gedacht war. Sie hielt an, stieg aus und studierte diese genau, um einen geeigneten Platz für ihren Plan zu finden.

Zufrieden setzte sie sich wieder in den BMW, wendete und trat das Gaspedal bis nach unten durch. Sie raste an den Hütten der Kleingärtner vorbei und umrundete dann mit maximaler Geschwindigkeit die tief verschneiten Graspyramiden, um dann mit Vollgas auf ihr Ziel zuzuhalten: die nördliche Inselspitze des Erba-Geländes, die größte Nebenbühne der Bamberger Landesgartenschau. Der schwere BMW schlingerte gerade mit gefährlicher Tendenz zum Abschmieren um die Pyramiden herum, als Margot im Licht des verbliebenen Scheinwerfers Beton aufragen sah. Panisch versuchte sie zu bremsen, aber es war zu spät. Es krachte, der Airbag knallte unsanft gegen die beiden weiblichen Körper, Glas splitterte, und dann war plötzlich Ruhe.

Eigentlich war es nur eine verhältnismäßige Ruhe, denn Cindys Geheule war zu einem leisen Wimmern abgeebbt, und aus dem Bereich der ziehharmonikaförmigen Motorhaube war ein Zischen zu hören. Heißer Wasserdampf entstieg der zerstörten Front des BMW. Margot fummelte den Autoschlüssel hervor und schaltete den noch laufenden Motor ab. Die kalte Luft der frostigen Weihnachtsnacht drang durch die zerstörte Windschutzscheibe in das Fahrzeug, während Cindy und Margot sich aus ihren Sitzen zu befreien versuchten. Als sie dem Airbag entkommen waren und endlich an der winterlichen Luft standen, erkannte Margot die Bescherung sofort. Auf dem abschüssigen Uferweg waren sie auf die gestapelten Betonplatten der geplanten Sitzgestaltung für die Zuschauer aufgefahren. Und damit hatten sie noch Glück im Unglück. Wären die Platten nicht gewesen, so lägen sie jetzt mitsamt ihrer Luxuslimousine in den Fluten der Regnitz. Das war wirklich knapp gewesen, aber Margot hielt sich nicht lang mit Nachdenken über diesen Umstand auf. Schnell wollte sie nachsehen, ob und wie die klerikale Fracht auf dem Rücksitz das gewagte Manöver überstanden hatte.

Sie erstarrte. Die Rückbank des BMW war leer. Es gab keinen Weih- und auch keinen Erzbischof mehr. Beide waren verschwunden. Ein Schauer kroch ihren Rücken hinunter. Auch das noch. Wohin hatten sich die beiden verdrückt, verdammt?

Ein gellender Schrei Cindys schreckte sie aus ihren Gedanken auf. Margot lief nach vorn, um die Betonplatten herum, wo Cindy stumm nach unten deutete. Im fahlen Mond- und Sternenlicht lagen die toten Körper am Grund der schmalen Baugrube für die Sitzreihen der Zuschauertribüne. Sie mussten durch die Windschutzscheibe geschleudert worden sein. Die beiden Männer waren dunkle Silhouetten in der Nacht, nur ein neongelbes Kondom leuchtete wie ein Glühwürmchen. Margot erkannte schnell den unerwarteten Glücksfall. Sobald der Frost nachließ, würden die Baugruben aufgefüllt werden, und kein Hahn würde dann noch nach der genauen Zusammensetzung des Fundaments krähen.

Am Rande des Lochs entdeckte sie einen ganzen Haufen ungefähr kopfgroßer Kalksteine, die wohl für den Boden der Tribüne gedacht waren.

»Los, Cindy, das ist unsere Chance!«, rief sie heiser ihrer Freundin zu und ergriff den ersten Stein.

Eine knappe Stunde lang warfen sie so viele Steine in die Grube, bis von den beiden Leichen nichts mehr zu sehen war. Dann schaufelten sie so viel Sand über die Steinschicht, wie es ihre Kräfte ihnen erlaubten. Am Ende sah der Boden der Baugrube aus wie ein bestens vorbereiteter Bauabschnitt, der nur noch auf seine Fertigstellung wartete. Als Deko schippten sie noch etwas vom reichlich vorhandenen Schnee hinterher, bis eine geschlossene weiße Schicht am Grubenboden ihrem nächtlichen Treiben ein Ende setzte. Margot schwitzte wie ein Tier, und Cindy konnte ihre dünnen Arme kaum noch heben, aber ihre nahezu perfekte Arbeit ließ sie endlich wieder Mut schöpfen.

»Gut gemacht, Cindy, gut gemacht. Jetzt gibt es nur noch eins zu tun«, sagte Margot leise und klopfte ihrer Freundin auf die Schulter. Sie startete den Motor des zerbeulten BMW und legte den Rückwärtsgang ein. Mit einem schabenden Geräusch am rechten Vorderrad kroch die Limousine mühsam einige Meter zurück. Margot kurbelte das Lenkrad nach links bis zum Anschlag, legte den ersten Gang ein und ließ das

Kupplungspedal los, bevor sie aus dem rollenden Fahrzeug sprang.

Mit schnell ansteigender Geschwindigkeit schoss der schwarze Wagen den Abhang hinunter, überfuhr zwei neu angepflanzte Gebüschreihen und klatschte dann auf die dunkle Wasseroberfläche vor der Nordspitze der Erba-Insel, um umgehend der nassen Sache auf den Grund zu gehen.

»Das war's! Wir haben's geschafft.« Margot war genauso erledigt wie ihre Freundin. »Und jetzt nichts wie weg von hier.« Gemeinsam trotteten sie den Uferweg zu Margots Cabrio zurück.

Den nächtlichen Rest dieses denkwürdigen Weihnachtstages verbrachten sie auf Cindys Doppelbett und grübelten über ihr weiteres Schicksal nach, während auf dem Fernsehbildschirm der im Dachfenster eines Rolls-Royce stehende Richard Gere seiner Julia Roberts romantische Heiratsanträge machte.

Epilog:

Der Mesner der Ottokirche wartete noch bis nach Mitternacht in der Sakristei vergeblich auf Nachricht eines Vorgesetzten. Weder am Handy des Weihbischofs noch dem des Erzbischofs meldete sich jemand. Um drei Uhr früh verlor er die Geduld und beschloss sorgenvoll, die Bamberger Polizei zu benachrichtigen.

Lagerfeld war mit seiner neuen Sonnenbrille auf der Stirn an seinem Schreibtisch eingeschlafen, als das Nottelefon der Bamberger Kriminalambulanz klingelte. »Kriminalpolizei Bamberg, Kommissar Lagerf..., äh, Schmitt. Was kann ich für Sie tun?«, meldete er sich schlaftrunken.

Eine männliche Stimme sprach zu ihm in einem Tonfall, der kaum zu ignorierende Panik verhieß. »Ich möchte zwei Vermisste melden. Es ist dringend.«

In Lagerfeld machte sich eine dumpfe Vorahnung breit, als er einen Blick auf die Bürouhr warf. Drei Uhr nachts. Er war hundemüde, es war Weihnachten und die bevorzugte Verarschungszeit. Wehe, dieser Typ hatte keine glasklaren Beweise!

»Jetzt sagen Sie mir erst einmal Ihren Namen und Ihre Adresse, und dann reden wir weiter. Klar?«, ermahnte er den Anrufer streng, während er damit beschäftigt war, wach zu werden.

»Das, äh, kann ich nicht. Ich möchte lieber anonym bleiben«, stammelte der Mann unsicher. Lagerfeld schnaufte laut und hörbar durch, eine letzte nonverbale Warnung des Anrufers. Der Typ war nicht nur unverschämt, sondern auch noch blöd! Huppendorfer, der am Computer nebenan saß, hatte längst den Standort des Störers der Heiligen Nacht lokalisiert. Die Nummer des Irren leuchtete groß und hell auf seinem Bildschirm auf. Sie konnten ihn mit Leichtigkeit identifizieren.

»Also, was ist jetzt? Reden Sie endlich, oder ich lege auf!«, schnauzte Lagerfeld durch die Leitung.

»Der Weihbischof und der Erzbischof sind verschwunden! Wahrscheinlich sind sie einem Verbrechen zum Opfer gefallen, Sie müssen etwas unternehmen!«, flehte die Stimme verzweifelt.

Lagerfelds Hormone kochten. Das durfte ja wohl nicht wahr sein! Was hatte er eigentlich verbrochen, dass diese perversen Penner ausgerechnet ihn erwählt hatten, um ihm jedes Weihnachten mit solchen Spielchen zu versauen. Aber so nicht, Brüder der Sonne!

»Du hast ja wohl den Arsch offen, du Idiot!«, brüllte er entnervt ins Telefon, während Huppendorfer sich grinsend die Ohren zuhielt.

»Eins sag ich dir, du Witzbold«, redete sich Lagerfeld immer mehr in Rage, nun sicherheitshalber ins Fränkische wechselnd: »Sach amal, wer hat denn dir neis Hirn gschissn, hä? Von mir aus könna deina Bischöf für ewich verschwunden bleiben, glar? Dod oder lebendich, des interessiert mich einen feuchten Schwemmist Maasder! Von mir aus kann die irchendsoa berverser Depp auf der Gardenschau verscharrd ham, des is mir egal! Und noch was, du Zipfelspieler: Wenn Schörschla aans oder Schörschla zwaa tatsächlich das Zeitliche gsechnet ham, dann bist du der Erschte auf meiner Verdächtichenlisde, klar? Dann bin ich derjenige, der mit Handschelln vor daaner Dür

steht, du bescheuerder Depp, du Blöder! Hasd du mich ver-
stanna, du Anonymer mid der Handynummer 0160 772 edze-
derabebe!«

Am anderen Ende der Leitung vernahm Lagerfeld ein er-
schrockenes »Oh ...«, dann legte der Anrufer auf.

Wenige Tage später wurden die beiden kirchlichen Würdenträger
vom Domkapitel offiziell als vermisst gemeldet. Die Gerüchte
rankten sich vom Mord bis zum Verdacht des Auslebens einer
gleichgeschlechtlichen Lebensgemeinschaft irgendwo in Süd-
patagonien. Geklärt wurde der Fall allerdings nie, und die beiden Bischöfe tauchten auch nie wieder auf – genauso wie der als
Hauptverdächtiger mit internationalem Haftbefehl gesuchte ehemalige Mesner der Ottokirche in Bamberg.

Die Landesgartenschau in Bamberg wurde ein großer Erfolg.
Über drei Millionen Besucher erfreuten sich an den Bepflanzun-
gen und sonstigen Anlagen auf der Erba-Insel. Besonders beliebt unter den Gästen aus aller Welt war die Naturbühne an der
Nordspitze der ehemaligen Industriebrache. Auf der neu angelegten Tribüne konnte man sich entspannt der Abendsonne hingeben und Lesungen, Musikveranstaltungen oder sonstigen Aufführungen lauschen. Es war, als läge ein ganz besonderer Zauber
über diesem wunderschönen, friedlichen Fleckchen Erde.

Was Gott getrennt hat,
soll der Mensch nicht zusammenfügen.
Charles Bukowski

Steigerwald

Endlich wieder allein. In seinem Wald, mit seinen Bäumen.

Es gab doch nichts Schöneres auf der Welt, als so ganz allein in Gottes freier Natur zu verweilen. Ohne Auto und ohne Frau.

Er hatte nichts gegen Autos oder Frauen. Gegen Autos sowieso nicht, und Frauen gehörten ja auch irgendwie dazu. Die gemeine Frau war aus dem heutigen Stadtbild ja gar nicht mehr wegzudenken. Genauso wie aus der Familie. Fast in jeder fränkischen Familie gab es ja inzwischen mindestens eine Frau … oder einen Hund oder Kinder.

Seine Frau hatte keine Kinder gewollt. Er hätte schon ganz gern welche gehabt, aber nicht seine Frau. Kinder zu Besuch, jederzeit. Aber sonst …? Als Frau sei man im Leben nur benachteiligt, wenn man Kinder habe, das hatte sie immer zu ihm gesagt.

Schon recht, hatte er sich insgeheim gedacht. Allerdings ist Mann auch oft benachteiligt, wenn Mann eine Frau hat. Leichte Bitterkeitsfalten furchten sich auf seiner Stirn, als er darüber nachdachte.

Früher als Kinder waren sie zu fünft daheim gewesen, alles Buben. Selbst die Mutter war nicht zwingend als Frau zu identifizieren. War »scho a weng rustikal«, seine Jugend im Steigerwald. Sie hatten viel arbeiten müssen, das war halt damals auf dem Land so gewesen, aber sie hatten »zamkhalten«. Regelmäßig wurden sie vom Vater verdroschen, aber auch das hatte man irgendwann nicht mehr gespürt. Die Prügeleinheiten gehörten zur landfränkischen Erziehung dazu wie das Kirchenläuten und der Bürgermeister von der CSU.

Und sie hatten »zamkhalten«.

»Denn wenn mer zamhält, hält mer alles aus im Leben«, hatte ihnen der Vater immer wieder erklärt. Jaja, die Zeiten waren verdammt hart gewesen.

Jedenfalls war die fränkische Kinderaufzucht eine gute Vorbereitung auf die Bundeswehr gewesen. Seinen Wehrdienst hatte er als regelrecht entspannend empfunden. Wie Urlaub. Er wollte gar nicht mehr weg. Lauter Männer, die »zamhalten«. Das war doch alles, was »Mann« brauchte.

Und genau dieses Lebensgefühl hatte er eigentlich an die eigenen Kinder weitergeben wollen. Das »Zamhalten«. Aber seine Frau hatte keine Lust darauf gehabt.

Zum Schluss hatten sie sich deswegen nur noch gestritten. Wenn er noch einmal mit diesem Thema anfinge, hatte sie gesagt, dann würde es einfach keinen Sex mehr geben. Basta.

Gut, hatte er dann argumentiert, gut, dann wolle er aber wenigstens einen Hund. Für den brauchte er nicht einmal Sex, aber auch der Hund und er, sie würden »zamhalten«.

Er verstand die Frauen einfach nicht. Manchmal hatte er das Gefühl, sie würden den Sex nur über sich ergehen lassen, um irgendetwas damit zu erreichen, was ihnen noch viel wichtiger war als Sex an sich.

Ich werd scho noch drauf kommen, was des is, dachte er immer wieder verbissen, doch bis jetzt war er dem Mysterium noch nicht auf die Schliche gekommen.

Frauen waren ihm insgesamt nicht ganz geheuer. Als Mann bewegte er sich seiner Meinung nach ja im Großen und Ganzen psychisch im grünen Bereich, seine Frau hatte sich des Öfteren ja schon im roten – und zwar nicht nur periodisch – aufgehalten. Und während eines solchen Anfalls weiblicher Anmaßung wollte sie dann immer wieder mit ihm reden. Er sei ja gar nicht mehr zugänglich, nur noch mit seinem Hund im Steigerwald unterwegs. Eigentlich sei er doch sowieso lieber mit seinem Dackel zusammen als mit ihr, das solle er doch endlich einmal zugeben. Aber sie würde das Theater mit diesem Hund nicht mehr mitmachen, sie nicht. Zudem versaue ihr der Köter in schöner Regelmäßigkeit den Designerteppich. Er solle sich jetzt entscheiden: entweder der Hund oder sie …

Nun, seinen Hund hatte er noch. Außerdem versaute so ein Hund ja nur den Teppich, eine Frau hingegen das ganze Leben. Jedenfalls war dieser Streit der Moment gewesen, in dem er eine Entscheidung gefällt hatte. Für seinen Hund, gegen seine Frau.

Kurze Zeit nach ihrem Ausbruch hatte seine Gattin, wahrscheinlich aus purem Trotz, mit dem Mountainbiken angefangen. Ein großer Fehler. Im Wald kannte er sich besser aus als sie. Er war sein Wohnzimmer, sein persönlicher Designerteppich.

Zudem war die Wahl ihrer Sportart eine ausdrücklich unglückliche gewesen. Als er mit dem Wandern angefangen hatte, war er fast allein im Wald gewesen. Nur er, die Natur und ab und zu ein paar Wandererkollegen, die an die Bäume pinkelten. Die totale Idylle. Aber dann war es losgegangen. Irgendwann tauchten plötzlich diese Mountainbiker im Steigerwald auf. Fahrradfahrer in seinem Paradies! Und das noch ohne Licht, ohne Klingel und ohne Schutzbleche.

Mountainbiken, des is doch wirklich was für Idioten, dachte er bei sich. Wer freiwillig im Wald Fahrrad fährt, der hat doch vom Leben nichts mehr zu erwarten.

Er hatte sich so lange aufgeregt, bis ein Entschluss in ihm gereift war: Das musste ein Ende haben! Der nächste Spinner, der ihm entgegenkäme, den würde er runterholen. Und wer kam ihm ausgerechnet am steilsten Stück entgegen? Seine Frau.

Er hatte sie gleich an ihrem panischen Blick erkannt. Wahrscheinlich funktionierte die Bremse wieder nicht. »Aus dem Weg, du Ötzi!«, schrie sie ihn noch an, ohne ihn zu erkennen, und wollte knapp an ihm vorbeischießen. Kurz vor dem nächsten Baum hatte er ihr dann schnell seinen Spazierstock ins Hinterrad gesteckt. Wenigstens den Baum hatte man noch retten können.

Für ihn war das Ereignis wie ein Zeichen himmlischer Herkunft gewesen. Als ob jemand von da oben zu ihm gesprochen hätte: »Alfons, rette deinen Steigerwald. Er ist ein Weltkulturerbe!«

Er hatte den Bikern, diesem Federgabelgesocks, den Krieg erklärt. Und so, wie es bisher aussah, würde er ihn gewinnen.

Anfangs hatte der frischgebackene Witwer damit begonnen, hie und da einen Ast quer zu legen, allerdings mit nur mäßigem Erfolg.

Na gut, dachte er sich, dann legst du halt einen ganzen Baum quer, wie seinerzeit nach dem Sturm im Bamberger Hain. Das hatte die Erfolgsrate um ein Deutliches erhöht, aber dann hatte ihm ein hilfsbereiter Jäger aus Ebern erklärt, wie man so ein Anliegen richtig anging: Fallgruben mit spitzen Holzpfählen, die oben mit Curare vergiftet waren. Seither war's in seinem Wald wieder ruhiger geworden. Gut, er erwischte nicht immer gleich viel, aber es war halt auch ein saisonales Geschäft. Wie mit den Lachsen in Kanada.

Seine heutige Bilanz: fünf Jogger, drei Nordic Walkerinnen, elf Mountainbiker und ein Eichhörnchen.

Dem Eichhörnchen hatte er aus der Grube wieder herausgeholfen.

Solange der Nagellack nicht trocken ist,
ist eine Frau praktisch wehrlos.
Burt Reynolds

Die andere Sicht

Das Wasser war kalt, sehr kalt sogar. Mit dem Gesicht nur wenige Zentimeter von der Unterseite der winterlich marmorierten Eisfläche entfernt, trieb sie langsam und stetig dahin. Ab und zu blieb ihr Körper an einer unregelmäßig gefrorenen Stelle hängen, um sich kurz darauf wieder zu lösen und mit der gleichen Geschwindigkeit die Fahrt fortzusetzen. Das helle Sonnenlicht des kalten und klaren Wintertages drang fast ungefiltert durch die gefrorene Fläche, aber das herrliche Spiel der Eiskristalle berührte sie nicht mehr.

Sie war tot, so viel war ihr klar. Schließlich konnte kein normaler Mensch mehr am Leben sein, wenn er über eine Stunde lang unter Wasser flussabwärts trieb.

Vorbei war es mit der lebenslustigen Frau, die heute Morgen noch so energiegeladen aus dem Designerbett in ihrer Dachterrassenwohnung in Schweinfurt gestiegen war. Sie hatte sich auf den Abend dieses Tages gefreut, denn dann würde sie sich mit der Liebe ihres Lebens treffen. Mit dem Mann, den sie immer geliebt und gewollt hatte. Natürlich hätte sie jeden haben können und hatte von ihrem hohen Marktwert bis dahin auch reichlich Gebrauch gemacht. Doch wirklich gewollt hatte sie nur ihn, der nie ein gesteigertes Interesse an ihr gezeigt hatte. Zumindest kein Interesse der Art, wie sie es sich gewünscht hatte. Doch gestern, als sie sich nach Ende des Films vor dem Kino verabschiedet hatten, war es zu diesem Blick gekommen. *Dem* Blick.

Genau diese Art von Blick, der als magischer Moment ein Leben lang im Herzen festgenagelt wird. Er hatte sie mit strahlend graublauen Augen angelächelt. Sie war versucht gewesen, ihn einfach zu umarmen und zu küssen, hatte sich aber zusammengerissen. Dazu war er einfach nicht der Typ. Mit so einem Benehmen hätte sie alles kaputtgemacht. Nein, zu einem, zu *dem* Kuss hätte es erst heute Abend kommen sollen, bei ausgesuchtem Rotwein, Sonnenuntergang und Blick auf die Mainauen. Dann hätte er die Frau seines restlichen Lebens kennenlernen sollen.

Doch sie, die potenzielle Liebe seines Lebens, hatte heute das Zeitliche gesegnet. Mit leicht geöffnetem Mund und leblos-starrem Blick trieb sie unter dem Eis flussabwärts der nächsten Mainschleuse entgegen. Diese Frau, so schön sie auch gewesen war, würde keines Mannes Leben mehr bereichern. Scheinbar schwerelos lag sie im Wasser und hatte die unbewegten Pupillen in Richtung der halbhoch stehenden Wintersonne gerichtet. Nein, diese Frau war definitiv tot.

Aber warum konnte sie sich selbst im Wasser treiben sehen, teilnahms- und emotionslos? Sie begann, sich selbst näher zu betrachten. Wie, womit, warum? Auf keine der Fragen wusste sie eine Antwort. Sie war wirklich eine schöne Frau gewesen. Dreiunddreißig Jahre alt, schlank, schwarzes, leicht gewelltes Haar, Single und äußerst erfolgreich in ihrem Beruf als SAP-Softwareberaterin. Aber irgendetwas war heute schiefgelaufen, und zwar mit tödlicher Konsequenz. Sie konnte keine tödliche Wunde an ihrem makellosen Körper entdecken. Auch ihre Kleider waren einwandfrei. Kein Blut, keine Würgemale, nichts.

Sie erinnerte sich noch dunkel daran, am Mainufer spazieren gegangen zu sein, so wie an jedem ihrer freier Tage. Sie hatte die frierenden Enten mit ein paar mitgebrachten Brotstückchen gefüttert, auch das war ihr noch im Gedächtnis geblieben.

Sie war schon immer tierlieb gewesen. Tiere waren viel ehrlicher als Menschen. Eigentlich gab es nur zwei Dinge auf der Welt, die immer ehrlich zu ihr gewesen waren: Tiere und Computer. Obwohl Computer sich auch manchmal etwas zickig ihr gegenüber verhalten hatten. Bereits des Öfteren hatten sie zudem versucht, sie zu verarschen. Trotzdem stießen einen Computer nicht mit niederträchtiger Absicht ins eiskalte Mainwasser. Genauso wenig wie Enten. Was also war beim Entenfüttern passiert?

Ganz langsam begann sie, das Interesse an sich zu verlieren. Die Wichtigkeiten und Fragen dieser Welt verblassten. Sie versuchte sich noch einmal die Züge ihres toten, doch wundervollen Gesichtes einzuprägen, aber alles verschwamm zusehends. Es wurde lichter und heller, nichts war mehr von Bedeutung. Wer war sie, was war sie, wo und wie würde nun alles enden?

Am Ufer stand ein Mann. Seine graublauen Augen folgten fast versonnen der Gestalt, die unter der geschlossenen Eisdecke aufgetaucht war und nun zwischen den großen Eisschollen, vor Blicken geschützt und so gut wie unsichtbar, dahintrieb. Ihr folgten etliche tote Enten, die allerdings nur zu erkennen waren, wenn man einen lichtstarken Feldstecher zur Hand hatte.

Das Kontaktgift hatte genau so gewirkt, wie er es geplant hatte. Er war Biochemiker und als solcher verdammt gut. Die Frau hatte höchstens dreißig Sekunden nach der ersten Berührung der Brotreste die Wirkung des Giftes zu spüren bekommen. Ansatzlos und ohne einen Laut von sich zu geben, war sie zusammengeklappt und nach vorn gefallen. Ihr schlanker, aber bereits lebloser Körper hatte beim Aufprall ein großes Loch in die Eisdecke geschlagen, unter der er dann im Sog der Strömung umgehend und lautlos verschwunden war.

Eine wirklich schöne Frau. Fast zu schön, um wahr zu sein. Und sie hatte nur ihn gewollt. Vergeblich hatte er ihr klarzumachen versucht, dass sie ihre eindeutigen Bemühungen seine Person betreffend einstellen möge. Aber sie wollte es einfach nicht begreifen.

Das Thema Frauen war bei ihm durch. Frauen hatten es in seinem ganzen Leben nur fertiggebracht, ihn zu betrügen und zu verletzen. Besonders die eine, die er geheiratet hatte.

Er wusste, dass er gut aussah und auf Frauen unwiderstehlich wirken konnte. Zudem trug er keinen Ring am Finger. Nicht mehr. Für Frauen seines Alters und seiner Preisklasse war das anscheinend so eine Art Freifahrtschein zum Abschuss. Und zwar immer gerade beziehungsweise besonders dann, wenn er zum Ausdruck brachte, kein Interesse an einem weiteren Kontakt der romantischen Art zu haben.

Diese Frau hätte es in ihrer sympathischen Hartnäckigkeit trotzdem fast geschafft. Gestern, nach einem sehr entspannenden Kinobesuch, hatten sich ihre Blicke getroffen, und ein tief vergrabenes Gefühl hatte sich seiner bemächtigt. Ein Gefühl, das ihn erst erregt, später dann aber zutiefst verwirrt und erschreckt hatte. Er hatte sich selbst ob des fahrlässigen Leichtsinns verflucht, tatsächlich einem Treffen zum Abendessen bei ihr zu Hause zugestimmt zu haben.

Wenn er ehrlich war, hatte er sich zuerst zu seinem eigenen Befremden sogar über die Einladung gefreut. Bis sie sich umgedreht hatte und gegangen war. Dann war ihm die Panik den Rücken hochgekrochen und die ganze verdammte lange Nacht nicht wieder verschwunden. Er hatte keine Minute geschlafen, und er wusste eins genau: Würde er sich wieder auf Gefühle einlassen, so hätte die Panik für immer einen Platz in seinem Leben gefunden. Denn irgendwann würde auch sie ihn verletzen. Aber er würde nicht zulassen, dass es dazu kam.

Niemals durfte das passieren.

Emotionslos sah er zu, wie das unscheinbare Bündel aus Kleidern und Frau auf die Turbinenanlage des Wehres zutrieb. Die Maschinen arbeiteten mit etwa dreitausend Umdrehungen in der Minute. Nur kleinste Stofffetzen oder Knochenteile würden übrig bleiben. Vielleicht würden sie einen Alarm in der automatischen Steuerung auslösen, aber bis hier jemand auftauchte, würde die Ursache der Störung tausendfach verteilt in den Fluten des Mains verschwunden sein.

Erleichtert lächelte er in die Wintersonne. Jetzt konnte er sich wieder beruhigt und sorglos seinem logisch geordneten Leben, dem überdimensionalen HD-Fernseher, seinen Büchern und den diversen Sammelleidenschaften hingeben.

Es war Zeit zu gehen. Er schlug den Kragen seiner gefütterten Wildlederjacke hoch und wandte sich um.

Etwa drei Meter entfernt stand eine Frau mittleren Alters mit einem beigefarbenen Labrador an der Leine und lächelte ihn an. Sie trug eine schlichte, aber erkennbar teure Bogner-Winterjacke und eine großkalibrige Ray-Ban-Sonnenbrille, die sie in das frisch frisierte schwarze kurze Haar gesteckt hatte. Ihre grauen Augen strahlten ihn an, als sie in elegantem Gang die Distanz zwischen ihm und sich überbrückte.

»Wissen Sie, dass Sie ein verdammt gut aussehender Mann sind?«, fragte sie gewollt rhetorisch und lächelte ihn fröhlich und sympathisch an.

Nur der Labrador begann leise zu knurren.

Es gibt wohl nur wenige Tiere,
die uns für Menschen halten.
Alfred Brehm

Martin und Dorothe

Martin bewegte sich langsam auf seine Angebetete zu. Er hatte sich fest vorgenommen, am Anfang langsam vorzugehen, schließlich hatten seine Freunde ihn vor Dorothe gewarnt.

Er solle bloß aufpassen mit der Frau, hatte er sich anhören müssen, während er in besorgte Gesichter blickte und hoch erhobene Zeigefinger sich in den Himmel streckten. Die Frau sei ein Biest, eine regelrechte Männerfresserin. Martin hatte die Warnungen registriert, aber der Drang, diese Frau zu besitzen, war einfach zu stark gewesen. Er fühlte ein tiefes, übermächtiges Begehren diesem Weib gegenüber, das doch schon so viele Männer auf dem Gewissen hatte.

Aber es war zu spät, um noch umzukehren, er war schon viel zu weit gegangen. Außerdem hatte man als Sprössling des Frankenwaldes nicht gerade die allergrößte Auswahl.

Okay, die einheimischen Frauen waren ganz in Ordnung. Frauen aus Hochfranken waren zuverlässig und robust. Die konnte man selbst im Winter noch draußen halten. Aber irgendwie fehlte ihnen oft das gewisse Etwas, das Dorothe zweifellos besaß. Und er? War er diesem undefinierten Etwas, das ihn so magisch anzog, vielleicht hilflos ausgeliefert?

Nun, nicht ganz. Immerhin hatte er sich vorbereitet. Die Trottel vor ihm hatten den Fehler begangen, ausschließlich ihr äußeres Erscheinungsbild für sich sprechen zu lassen. Sie dachten wohl, das würde schon ausreichen, um diese »Neigschneite« aus weiß Gott woher von der fränkischen Manneskraft zu überzeugen.

Falsch gedacht.

Dorothe hatte sie allesamt abgewiesen. Und nicht nur das, nein, von den lüsternen Herrschaften fehlte seit ihrer plumpen Balzerei jegliche Spur. Sie waren nicht wiederaufgetaucht, waren wie vom fränkischen Erdboden verschluckt. Diese Gedanken gingen Martin durch den Kopf, während er sich zögernd und vorsichtig Dorothe näherte. Ein paar Kinder schauten dem spannenden Treiben aufmerksam zu, während vom nahe gelegenen Festplatz fröhliche Blasmusik herüberschallte.

Dorothe tat so, als ginge sie das alles nichts an. Natürlich hatte sie den gut aussehenden Kerl bemerkt, der sich da so beiläufig an sie heranschlich, war aber fest entschlossen, sich nicht von ihm täuschen zu lassen. Nicht schon wieder von einem Mann, dazu hatte sie schon zu viele Enttäuschungen erlebt. Alle waren Idioten, alle Schweine. Sie hatte schließlich Kinder aufzuziehen, und zwar möglichst ohne den schädlichen Einfluss dieser selbstgerechten, ignoranten, sexsüchtigen Schwanzträger. Das starke Geschlecht? Lächerlich! Wenn sie genau hinschaute, war so ein Mann doch eher klein, ein regelrechter Winzling gegen sie – zumindest moralisch betrachtet. Dorothe wusste, dass sie auf Männer unwiderstehlich wirken konnte, aber sie hatte beschlossen, eine Auswahl zu treffen, und zwar eine tödliche. Nie wieder würde sie diese Verletzungen erleiden, die ihr die männliche Spezies in ihrem bisherigen Leben zugefügt hatte.

Schon die letzten Bewerber um ihre Gunst hatten das zu spüren bekommen. Gut getarnt hatte sie die leblosen Körper dieser Armseligen beseitigt. Hormongesteuertes Gesindel allesamt, drüsenkranke Halbaffen, die mit ihrem steinzeitlichen Brunftgehabe wirklich glaubten, bei ihr landen zu können. Dorothe hatte ihnen kalt zugelächelt, während sie sich ihr sabbernd näherten, und dann ohne Skrupel zugestoßen. Genüsslich hatte sie in die erschrockenen, erstaunten Mienen gesehen, bis die Körper der Leichtgläubigen erschlafften. Es war fast zu einfach gewesen.

Aber der hier mit der kräftigen Figur und dem breiten, siegesgewissen Lächeln, der umgarnte sie so aufreizend, dass sich ihre Wut in Neugierde verwandelte.

Tatsächlich kam der Kerl jetzt lässig schlendernd auf sie zu. Misstrauisch griff sie nach der langen, spitzen Waffe, die ihr schon in der Vergangenheit so wertvolle Dienste geleistet hatte. Würde der Typ nicht bald stehen bleiben, erlitt er das gleiche Schicksal wie seine dämlichen Vorgänger. Von der Seite beobachteten ein paar Kinder des Dorffestes noch immer die Szene, und die Blaskapelle des Festbetriebs schmetterte weiterhin mit Inbrunst ihre Klänge in den lauen Juniabend.

Martin hatte Dorothe fast erreicht. Alles in ihm schrie: Nimm sie endlich, greif sie dir, das ist deine Chance! Doch mit eisernem Willen zwang er sich, drei Schritte vor ihr stehen zu bleiben. Seine Frankenwälder Instinkte retteten ihm vorerst das Leben. Da stand sie nun, den Blick drohend auf ihn gerichtet und zu allem entschlossen. Sie war so verdammt sexy, wenn sie wütend war.

»Was willst du?«, blaffte sie ihn an. Ein spitzer Gegenstand blitzte für einen kurzen Moment hinter ihrem Rücken auf, verschwand allerdings sofort wieder. Doch Martin ließ sich nicht beirren. Er hatte einen Plan. In seiner Heimat hatte man die Methode »emotionale Destabilisierung« genannt, und bis jetzt hatte er damit noch jede flachgelegt. Eine todsichere Nummer.

Er grinste breiter, hob seine Hände weit über den Kopf, begann mit ihnen hilflos zu fuchteln und rief: »Hi, ich bin's, der Martin. Ich bin neu hier ... Äh, könntest du mir vielleicht sagen, wo du wohnst?« Mit diesen Worten und drei restlichen Schritten trat er schnell auf sie zu. Dorothe war verblüfft. Noch bevor sie auf den Trichter kam, ob dieser zugegebenermaßen wirklich hübsche Kerl seine Worte nur frech und unverschämt meinte, war Martin auch schon flugs an ihrer Seite.

So ein Mist, der roch auch noch gut, bemerkte sie, als sein Gesicht mit dem breiten Lächeln sich ganz nah vor das ihre schob. Bevor sie etwas erwidern oder gar eine abwehrende Geste machen konnte, griff Martin bereits elegant an ihre schlanke Taille.

»Du, Dorothe, du wolltest doch wissen, was ich will«, sagte er mit treuherzigem Augenaufschlag.

Und die ehemals wilde Dorothe konnte nur ein »Ja, schon« hauchen, da ihre Widerstandskraft bereits erlahmt war.

»Dorothe«, flüsterte ihr Martin leise und zärtlich ins Ohr, »Dorothe, ich bin so dermaßen schlecht im Bett, das muss ich dir unbedingt mal zeigen.« Als diese Worte ausgesprochen waren, drückte er seine Lippen auf die ihren, und um die eiserne Lady

91

war es endgültig geschehen. Die neugierigen Kinder schauten nur mehr verblüfft, während die Dorfkapelle die romantische Szene mit zünftigen Rhythmen untermalte.

Ein Knabe wandte seinen Blick von dem ab, was er soeben gesehen hatte, stand auf und schaute seinen Vater fragend an, während seine kleine Schwester weiterhin gespannt das Treiben in dem kunstvoll gewobenen Netz beobachtete.

»Warum hat denn jetzt die Spinnenfrau das Spinnenmännchen nicht umgebracht, wie sie es mit den anderen davor gemacht hat?«, fragte der kleine Thomas unschuldig. Seine Schwester konnte ihren Blick noch immer nicht von den beiden Liebenden im Spinnennetz wenden.

»Nun«, sagte der Vater lächelnd, »offensichtlich hat sie mit ihm den richtigen Mann gefunden. Und jetzt feiern sie Hochzeit.«

»Und dann bleiben sie für immer zusammen?«, fragte nun auch die kleine Hannah, indem sie ihr Gesicht endlich ihrem Vater zuwandte.

»Vielleicht«, sagte der lachend, »aber so, wie ich die Frauen kenne, frisst sie auch ihn irgendwann auf.«

Serviert den Gästen solche Bissen,
an denen sie lange kauen müssen.
Martin Luther

La Stazione

Das »La Stazione« war eine echte Ausnahmeerscheinung. Normalerweise plante ein Gastronom mit Anspruch sein Restaurant nicht inmitten der allergrößten Wüste. Vor allem als Italiener wollte man ja auch ab und an unter seinesgleichen weilen und nicht bar jeglicher Zivilisation in den Weiten der fränkischen Lande sanft entschlafen.

Doch auf den ersten Blick hatte Josef Sanfilippo genau das getan, indem er sich in der tiefsten Ödnis mit einem einsamen Wiesengrundstück als Nachbarn im Itzgrund niedergelassen hatte. Hier, am gefühlten Rande des Universums, war ein hübsches Restaurant mediterraner Prägung mit wunderschöner Terrasse und einem gigantischen Kinderspielplatz in den Itzwiesen entstanden.

Und tatsächlich waren im Laufe der Jahre immer mehr Raumschiffe mit Gästen aus dem Zentrum der Galaxis gekommen, etwa aus Coburg, Bamberg oder von noch weiter entfernten Planeten, um sich hier, im Vorzimmer der Zivilisation, mit deutsch-italienischer Küche verwöhnen zu lassen. Josef Sanfilippo, Sohn eines Fischhändlers aus dem sizilianischen Catania, hatte es geschafft, zum allgemein bekannten Geheimtipp zu avancieren. Dies war allerdings nur durch eiserne Disziplin und gezielte Auswahl seines Personals möglich geworden. Interessanterweise wurde in der Küche und hinter der Theke im seltensten Falle deutsch gesprochen, vielmehr herrschte eine seltsame Vielfalt europäischer Sprachen vor wie Russisch, Ukrainisch oder auch Thüringisch.

Es war ein lauer Samstagabend im Mai, und die letzten Gäste saßen noch auf der Terrasse, um sich genüsslich dem Rotwein hinzugeben, der im Glas kreiste. Eine weibliche Angestellte des Servicebereiches war bereits dabei, die wieder freien Tische zu säubern und alles für den nächsten Tag vorzubereiten. Ansonsten war niemand zu sehen, und auch die Küche war menschenleer. Es roch geradezu nach Betriebsratsversammlung oder interner Geburtstagsfeier, aber nichts dergleichen war im Gange. Nein, die Belegschaft des Restaurants »La Stazione« war im »Casa Catania« versammelt, was nichts anderes war als ein als Kühlraum getarntes Refugium für besondere Angelegenheiten und italienische Termine des Don Sanfilippo.

Auf einem einfachen Holzstuhl, dessen geflochtene Sitzfläche schon rechts und links ausfranste, saß Hans Aschenbach, Auszubildender im ersten Lehrjahr, aus dem thüringischen Heldburg.

Don Sanfilippo wollte den Stuhl schon seit Längerem in der Korbflechterstadt Lichtenfels reparieren lassen, aber da ihm die Polizei den Führerschein wegen Trunkenheit geklemmt hatte, war er seitdem nur noch heimlich mit seiner Vespa unterwegs und musste derartig mobiliarische Maßnahmen erst einmal verschieben.

Nicht verschieben würde er hingegen erzieherische Notwendigkeiten seinen Auszubildenden betreffend. Er, Josef, saß Hans Aschenbach ebenfalls auf einem Stuhl gegenüber und funkelte ihn drohend mit süditalienischem Blick an, während die restliche Belegschaft mit betroffenem Gesichtsausdruck um die beiden herumstand. Hans Aschenbach seinerseits war mit grauem Klebeband um den Oberkörper an seinen Stuhl gefesselt, seine mageren Füße standen in einem großen verzinkten Blecheimer. Mit großen Augen starrte er seinen Chef an. Eigentlich hätte man erwarten können, die blanke Panik würde in ihm fröhliche Urstände feiern, aber nichts dergleichen passierte: Der Auszubildende Aschenbach wirkte eher leicht amüsiert als alles andere.

Vor seinem Mund schwebte ein kleiner Kaffeelöffel mit einer noch kleineren Portion des heutigen Desserts. Er wurde gehalten von den kurzen, dicken Fingern seines Chefs. Der Dessertlöffel näherte sich unerbittlich seinen zusammengekniffenen Lippen. Jetzt wurde es Hans Aschenbach doch ungemütlich. Verzweifelt und an den Stuhl gefesselt wollte er mit diesem nach hinten rutschen, was ihm aber nicht gelang, denn der muskulöse Chefkoch aus Kiew, Dimitri Guseva, wusste derartige Ortsveränderungen zu verhindern.

»Iss das«, befahl Josef mit tonloser Stimme und fuchtelte mit dem Löffel wie mit einem Dolch in Richtung Gesichtsmitte Aschenbachs herum.

»Nein«, presste der widerspenstige Stift zwischen geschlossenen Zähnen hindurch.

Don Sanfilippo bewegte nur unmerklich den Löffel, woraufhin Dimitri Guseva den Kopf des Azubis packte und mit gewaltigen Kräften Ober- und Unterkiefer des Delinquenten auseinanderhebelte. Selbst ein Alligator aus den dampfenden Sümpfen des Mississippi hätte sich den ukrainischen Bärenkräften beugen müssen.

Langsam und genüsslich schob der Chef des Hauses die kleine Portion in den Mund des Lehrlings, den Guseva wieder zuklappte. Kurze Zeit später verzogen sich die Gesichtszüge Aschenbachs zu einer hässlichen Fratze, und seine Augen begannen zu tränen.

»Und, schmecken dir das Tiramisu?«, fragte der Chef seinen Lehrbuben lakonisch, während dieser die Nachspeise hektisch und angeekelt ausspuckte.

»Schmeckt scheiße«, stieß er aus.

Der Don beugte sich auf seinem Stuhl nach vorn, bis seine Augen nur noch wenige Zentimeter von denen Aschenbachs entfernt waren. »Ach, ist das so? Schmecken natürlich scheiße, wenn man Knoblauch in Tiramisu rühren, *stronzo*! Kannst du mir sagen, warum du das machen, du Idiot?«, schnaufte er mit puterrotem Gesicht, sprang von seinem Stuhl auf und lief erregt im Raum hin und her.

»Ich hasse Knoblauch«, gab Aschenbach nach einem kurzen Moment trotzig von sich.

Der sizilianische Restaurantchef blickte ihn fassungslos an. »*Vaffanculo!*«, brach es laut aus ihm heraus. »Du magst keine Knoblauch? Aber warum tust du dann Knoblauch in meine Tiramisu, du Idiot, hä? Drei ganze Knollen?« Dann fluchte er noch etwas Unverständliches in seinen nicht vorhandenen Bart, während der wenig einsichtige Hans Aschenbach eine bockige Miene aufsetzte. »Bei die Jungfrau Maria, du tust doch nie Knoblauch in Essen! Haben sonst immer Streit mit dir, weil ich sagen, du müssen machen Knoblauch überall hinein in italieni-

sche Essen, *stronzo*! Nudeln, Fisch, Fleisch, Suppe, überall. Aber
du nicht wollen. Nie!«

Statt Einsicht zu zeigen, setzte Hans Aschenbach ein süffisantes Grinsen auf. »Ich hab jetzt halt überall Knoblauch neigetatan – wie befohlen. Auch in des Tiramisu.« Frech grinste er seinen fassungslosen Chef an.

Währenddessen versuchten die im Hintergrund stehenden
Bediensteten verzweifelt, ihm Botschaften zukommen zu lassen und gestikulierten in der Luft herum, was der einfältige
Aschenbach aber großzügig ignorierte. Stattdessen bedachte er
seinen Chef und Ausbilder mit einem mehr als abfälligen Blick.

Das Blut des geborenen Sizilianers kochte. Nur mit Mühe
konnte er sich davon abhalten, diesen thüringischen Depp, diesen Saboteur der kulinarischen Sache, nicht sofort, auf der Stelle und eigenhändig auf seinem Stuhl zu erwürgen.

Bleib ruhig, Josef, versuchte er sich zu beruhigen und schloss
erst einmal die Augen. Als er sie wieder öffnete, war ein eigentümlicher Glanz in ihnen zu bemerken, was seinen Auszubildenden aber nicht davon abhielt, ihn trotz der eher ungünstigen
Verhandlungsposition weiterhin anzugrinsen.

»Alle verlassen jetzt Raum hier«, sagte Josef Sanfilippo mit
ruhiger Stimme. »Guseva, du nicht«, fügte er noch schnell hinzu, was der Ukrainer mit einem schiefen Lächeln quittierte. Dann
tätschelte er in Vorfreude auf das, was nun passieren sollte, die
Wange des gefesselten, aber weiterhin gut gelaunten Aschenbach.

»Was glaubst du, *stronzo*, was in meinem Restaurant ist größter Posten bei Ausgaben?«, fragte Josef unvermittelt im Stil und
in dem Tonfall eines sizilianischen *padrone*.

Hans Aschenbach musste nur kurz überlegen. »Größter Posten? Na, Knoblauch, hahahahaha.« Er schüttete sich regelrecht
aus vor Lachen.

Währenddessen war Dimitri Guseva aus seinem Sichtfeld
verschwunden, aber man konnte ihn leise werkeln hören. Ein
weiterer ungewöhnlicher Vorgang, der Hans Aschenbach aber
nicht im Geringsten beunruhigte.

»Nein«, sagte Sanfilippo in inzwischen ausgesprochen relaxter Stimmung, »ist nicht Knoblauch, Hans, ist Zement ...«

Aschenbach fand die Antwort oberwitzig. »Hahaha, Zement! Hab ich mir scho gedacht, haha, damit die Soßen besser abbinden, haha, deswegen schmeckt des Essen auch so!« Der Azubi schien sich königlich zu amüsieren.

Ein kurzes Kopfnicken genügte, und der inzwischen zurückgekehrte Dimitri Guseva klebte mit einer schnellen Handbewegung einen breiten grauen Klebestreifen über den Mund des verblüfften Thüringers. Die Füße des nunmehr mundtot Gemachten zuckten zwar noch kurz und protestierend in ihrem Metalleimer, aber auch das ließ bald nach. Plötzlich saß ein gar nicht mehr fröhlicher Lehrbube schwitzend und ausgepumpt auf seinem Stuhl vor Sanfilippo.

»Nein, *stronzo*, Zement ist für machen Beton«, sagte der Restaurantchef unschuldig. »Und Beton ist für eliminieren Idioten wie dich von diese Welt, *capisci*?«

Kaum gesagt, schüttete Dimitri Guseva auch schon den soeben angerührten Beton in den Metalleimer. Hans Aschenbach versuchte irritiert nach unten zu schauen, doch die perfekte Klebetechnik Dimitris hinderte ihn daran. Erstaunt bemerkte er, wie der Beton umgehend Anstalten machte, sich zu verfestigen. Seine Füße konnte er jedenfalls nicht mehr aus dem Eimer nehmen.

»Ist Fixbeton, macht schnell hart«, half ihm Dimitri Guseva auf die Sprünge. Die Augen von Aschenbach hetzten von einem zum anderen. Allmählich schwante ihm, dass das alles hier nicht mehr zum normalen Ausbildungsprogramm eines Kochlehrlings gehörte.

Don Josef stand auf und blickte kurz nach draußen. Die letzten Gäste waren inzwischen gegangen, nur die Bedienungen und das Küchenpersonal saßen noch mit betretenen Mienen im ansonsten leeren Gastraum.

»Dimitri, sag allen Bescheid«, befahl Padrone Josef streng. »In zehn Minute an übliche Platz an die Itz.«

Dann erhob er sich und verließ das »Casa Catania«, um erst einmal in aller Ruhe einen Espresso macchiato zu trinken.

Es war dunkel, und das sichtbare Viertel des Mondes hatte Mühe, durch den Nebel zu dringen, der in nur einem Meter Höhe über den feuchten Wiesen schwebte. Am Ufer der Itz, genau auf halber Wegstrecke zwischen Kaltenbrunn und Untermerzbach, hatte sich das gesamte Personal des »La Stazione« inklusive ihres Chefs versammelt und blickte nun bedeutungsschwanger auf einen ziemlich erbärmlich dreinschauenden Hans Aschenbach aus Thüringen, der in einem steinhart abgebundenen Fixbetoneimer stand.

Dimitri Guseva hatte sich neben dem Azubi aufgestellt, als wollte er verhindern, dass der Einbetonierte nicht doch noch weghüpfte. Nur Josefs Frau fehlte bei dem Auflauf. Sie hatte keine Lust, sich das Prozedere zum x-ten Mal anzuschauen.

Guseva entfernte mit einem Ruck das Klebeband von seinem Mund. »Ich werd auch nie mehr Knoblauch ins Tiramisu tun!«, rief der extrem eingeschüchterte Aschenbach zaghaft, aber ohne wirklichen Glauben auf Erfolg, in bestem Hochdeutsch.

Don Josef lachte heiser auf. »Hans, du werden nie mehr irgendwo Knoblauch tun hinein.« Es war eine Feststellung. Dann wandte er sich an die Umstehenden und deutete energisch auf den Auszubildenden Aschenbach. »Ihr hier sehen eine Idiot, nein, nicht Idiot. Eine Verbrecher an heilige Sache von gute Essen. Kochen Essen ist nicht Dschungelcamp, sondern ist Kunst. Gut, nicht jeder, wo kocht, ist eine Künstler, manche auch nur gute Handwerker. Aber auch gute Handwerker können machen gute Essen, wenn machen mit Liebe und Überzeugung. Aber das da«, sein Finger zuckte noch einmal wütend in Richtung Aschenbach, »das da ist eine Verbrecher, eine Terrorist. Wenn wir entfernen ihn aus Genpool, das sein große Segen für Menschheit. Nicht nur Segen, nein, sein viel wichtiger, bedeutender – so wie Friedensnobelpreis.«

Als er endlich die Hand sinken ließ und seine Tirade beendet hatte, packte Dimitri Guseva das Corpus Delicti, hob es in die Höhe und ließ es dann umgehend los. Ohne jegliches unnötige Spritzen und mit einer vorbildlichen Eintauchphase, die jedem Turmspringer zur Höchstwertung gereicht hätte, verschwand Hans Aschenbach aus Thüringen leise blubbernd in der Itz.

In den Gesichtern der Umstehenden zeichnete sich Erleichterung ab. Es war zwar nicht das erste Mal, dass sie dieser Show hatten beiwohnen müssen, aber angenehm war es deshalb noch lange nicht. Gut, dass es vorbei war. Außerdem waren alle froh, endlich nach Hause gehen zu können. Schließlich waren das hier, faktisch betrachtet, unbezahlte Überstunden.

Don Sanfilippo saß noch lange allein auf seiner Terrasse, blickte versonnen auf die wabernden Nebelfelder, die sich auf die Itzwiesen legten, und schlürfte nachdenklich an einem neuen Espresso macchiato. Er musste etwas ändern, so konnte das nicht weitergehen. Zum einen musste er sich allmählich eine andere Stelle an der Itz für seine Entsorgungen suchen, denn die bisherige wurde allmählich zu voll, und zum anderen war das bereits der siebte Lehrling aus Thüringen gewesen, den er in diesem Jahr hatte versenken müssen. Bratenfett im Espresso, Seife in den Spaghetti oder Olivenöl im Bier: Es gab nichts, was diesen Idioten nicht alles eingefallen wäre.

Vielleicht sollte er es doch einmal mit einem fränkischen Auszubildenden versuchen, aber wenn's auch mit dem schiefging, würde er ganz sicher die Polizei am Hals haben. Mit Thüringern gab es dieses Problem nicht, nach denen suchte nie jemand.

Jede Beziehung,
die nicht durch Trennung
gelöst wird, endet tödlich.
Dr. House

Familienleben

Roman Kämmer war betrunken. Der Zustand war für Roman Kämmer nichts Besonderes, sondern Normalität. Warum er mit dem Saufen angefangen hatte, wusste er nicht mehr so genau, aber das war ja auch schon etliche Jahre her. Jedenfalls ungefähr genauso lange, wie er mit seiner Familie schon im Langen Johann in Erlangen wohnte. Und zwar ganz oben.

Warum er im höchsten Hochhaus Erlangens hatte wohnen wollen, war für Roman Kämmer hingegen schon weniger unklar. Dort oben zu leben, das war fast schon so, als würde man fliegen. Schon als Kind hatte er mit seiner spärlichen Legoausrüstung ein Hochhaus nach dem anderen gebaut, und außerdem hob ihn der lange Johann hoch über die ganze Scheiße dieser Welt hinaus.

Die Scheiße hatte für Roman Kämmer in den letzten Jahren hauptsächlich darin bestanden, zielgenau bei immer solchen Firmen anzuheuern, die ein halbes Jahr später pleitegingen. Quelle war sein letzter Arbeitgeber gewesen, jetzt war es endgültig vorbei. Er war dreiundfünfzig Jahre alt, Werkzeugschlosser und arbeitslos.

Roman Kämmer hatte sich aufgegeben. Sein bester Kumpel war der Alkohol, sonst hatte er keine Freunde mehr. Niemanden.

Seine Depressionen, die mit selbstzerstörerischen Phasen einhergingen, waren immer häufiger, immer extremer geworden.

Niemand wollte mehr etwas mit ihm zu tun haben. Nicht einmal seine Frau und die drei Kinder. In früheren, weniger dramatischen Zeiten hatte er es immerhin geschafft, zwei Töchter und einen Sohn zu zeugen. Der Sohn war jetzt fast erwachsen, und eigentlich hätte Kämmer stolz auf ihn sein können. Seine Lehre als Einzelhandelskaufmann würde er demnächst mit sehr guten Noten abschließen, noch dazu war er einer der besten Fußballer in der A-Jugendmannschaft beim Club. Der 1. FC Nürnberg hatte seinem Sohn sogar schon signalisiert, dass er gute Chancen hatte, bald in die Erste Mannschaft aufgenommen zu werden. Profifußballer! Für seinen Sohn konnte ein Traum wahr werden.

Eigentlich gab es keinen Grund, seinen Sohn zu schlagen. Roman Kämmer tat es trotzdem, denn er brauchte auch keinen. Anschließend ging es ihm immer besser, das war alles, was zählte. Auch seine Frau und die älteste Tochter bekamen ab und zu ihr Fett weg. Nicht selten mussten sie zum Arzt, um sich ein Attest für die Schule oder den Arbeitgeber zu besorgen. Natürlich waren sie stets die Treppe hinuntergefallen oder mit dem Fahrrad verunglückt. Der Arzt stellte die Krankschreibung jedes Mal aus. Er fragte nicht weiter nach, nur sein Blick sprach Bände. Zum Glück hielt er ansonsten die Klappe.

Roman Kämmer drehte sich auf dem Balkon um, ließ seinen Blick über Alterlangen schweifen. Am Langen Johann wurden gerade die Sicherheitsgitter erneuert. Sie sollten die Selbstmörder davon abhalten, das Hochhaus zum vorzeitigen Abgang aus diesem Leben zu benutzen. Bevor die Gitter angebracht worden waren, war der Lange Johann extrem beliebt bei den Suizidalen gewesen. Aber die Stadt Erlangen konnte und wollte sich einen Ruf als Selbstmörderhochburg nicht leisten, deshalb mussten jetzt Gitter vor die Balkone. Morgen würden die neuen aus Edelstahl montiert werden, bis dahin hatte man noch freie Sicht.

Roman Kämmer hob die Flasche und trank sie in einem Zug leer, bevor er sie nach unten warf. Während sich ein lauter Rülpser seinen Weg aus seinem Körper bahnte, konnte er das klirrende Scheppern von Glas auf Beton hören. Es war ihm scheißegal, ob die Flasche womöglich jemanden verletzt hatte. Leicht schwankend wollte er seine Familie heimsuchen. Es war Zeit, diese missratene Gesellschaft mal wieder zu züchtigen, vor allem diesen arroganten Emporkömmling, der sich sein Sohn nannte.

Vor Heidi Kämmers Augen schloss sich die Lamellentür des Kleiderschrankes im Wohnzimmer. Ihr großer Bruder hatte sie aus ihrem Zimmer geholt, in den großen Schrank gesteckt, dann hatte er ihr den Finger auf den Mund gelegt und ihr eindringlich ins Ohr geflüstert, auf jeden Fall an Ort und Stelle zu bleiben, bis er sie wieder holen würde. Er hatte es ihr zwei Mal eingeschärft, die Sechsjährige musste es ihm bei allem versprechen, was ihr heilig war, dann hatte er die Schranktür schnell wieder geschlossen. Heidi hatte etwas Beängstigendes in seinen Augen gesehen und drückte sich jetzt zitternd an die Innenwand des Schrankes.

Durch die schmalen Schlitze der Lamellentür konnte sie Sekunden danach mitverfolgen, wie ihr Vater vom Balkon kommend durch das Wohnzimmer wankte. Seine gegrunzten Flüche waren Zeichen genug, dass es jetzt gleich wieder Krach, Schreie und Tränen geben würde. Schon konnte sie ihren Vater aus der Küche brüllen hören und hielt sich instinktiv die Ohren zu. Das Geschrei wurde sofort gedämpft, dann herrschte plötzlich Stille. Vorsichtig nahm Heidi die Hände von den Ohren und spähte durch die Lamellen ins Wohnzimmer. In der Küche redeten ihre Mutter und ihr Bruder leise miteinander. Dann kam ihr Bruder rückwärts und schwer atmend wieder ins Wohnzimmer zurück. Er zog etwas Schweres aus der Küche hinter sich her. Heidi riss vor Schreck die Augen auf, während draußen langsam mehrere Schatten durch den Raum liefen und schließlich nach draußen auf den Balkon verschwanden. Sie hörte noch undeutlich eine halblaute Diskussion zwischen ihrer Mutter, ihrer sechzehnjährigen Schwester Emilie und ihrem Bruder, dann war es wieder still. Merkwürdig still.

Momente später waren Schritte im Wohnzimmer zu hören, und die Schranktür wurde geöffnet. Ihre Mutter stand mit rot geweinten Augen vor ihr und hob sie aus dem Schrank in ihre Arme. Ihr Bruder und ihre Schwester standen mit blutleeren, aber ruhigen Gesichtern hinter ihr im Wohnzimmer.

»Wo ist Papa?«, fragte Heidi. »Hat er dir wieder Aua gemacht?«

Ihr Bruder ging auf sie zu und strich ihr durchs lange Haar, während sie verunsichert über die Schulter ihrer Mutter schaute. »Nein, Heidi«, sagte er mit warmer Stimme. »Papa wird niemandem mehr ein Aua machen. Papa ist fort.«

Die Kleine schaute ihrer Mutter ins Gesicht, dann hinaus auf den leeren Balkon. Ihre Mutter schwieg und drückte sie nur noch fester an sich.

Heidi Kämmer spürte ein trauriges Gefühl in sich aufsteigen. Papa war fort? So ganz wusste sie nicht, wie sie diese Aussage zu verstehen hatte. Gerade war er doch noch hier gewesen? Aber jetzt sollte Papa tatsächlich fort sein?

Und ganz langsam, als die Trauer nachließ, stellte sich in Heidis kleinem Herzen immer stärker ein Gefühl der Erleichterung ein. Einer sehr großen Erleichterung.

Papa war fort.

Hoffentlich wollten Sie nie so werden,
wie Sie geworden sind.
Carl Gustav Jung

Einzel-Fall

Es gibt so Tage im Leben, da funktioniert nichts, aber auch gar nichts. Da kann man machen, was man will, alles geht daneben, da hat man eine Dauerkarte im Murphys-Gesetz-Kino. Das zerrt an den Nerven, das zehrt an der Lebenslust. Kennen Sie das auch?

Hugo Egon Schroll besaß die eben erwähnte Dauerkarte – und zwar im lebenslangen Abo. Als im Himmel die Scheiße verteilt wurde, hatte er offensichtlich zu laut »Hier!« geschrien. »Hier, ich bin's, hier drüben. Hugo Egon Schroll. Bitte, versaut mir mein Leben! Ich steh drauf!«

Seine Bitte wurde ihm gewährt, und zwar gründlich. Wenn es mit den Erfolgserlebnissen in seinem Erdendasein bisher recht spärlich zugegangen war, so hatte er dafür richtig Glück mit dem Griff in die Kiste der Arschkarten bewiesen. Doch jetzt hatte es Hugo Egon Schroll endgültig satt.

Er wusste, dass er hässlich war. Das war ihm schon klar gewesen, als die neue Kindergärtnerin es abgelehnt hatte, ihn zu waschen, nachdem er im Hof in den Dreck gefallen war. Das angewiderte Gesicht hatte sich dem Dreijährigen ein Leben lang in das Gedächtnis gebrannt.

Abgesehen vom Äußeren hätte er sich wenigstens ein Talent in irgendeiner anderen Hinsicht gewünscht: schnell rennen, gut singen oder von ihm aus kochen zu können. Aber auch von derartigen Fähigkeiten hatte ihn der liebe Gott großzügig befreit. Hugo Egon Schroll aus Neunkirchen am Brand verwandelte alles, was er anfasste, in eine Katastrophe. Unter diesen Umständen war auch die sexuelle Reifung des Pubertierenden desaströs verlaufen. Das weibliche Geschlecht hatte sich mit unverhülltem Grausen von ihm und seiner unbeholfenen Art abgewandt.

Nur eine war bisher bereit gewesen, näher auf ihn einzugehen. Sie hatte Hugo Egon irgendwie süß gefunden. Damals hatte er die fünfzehnjährige Beate Rödentaler regelmäßig zum Lachen gebracht, und sie hatte ihn daraufhin ein Mal spontan ganz kurz auf den Mund geküsst. Es war der einzige Kuss gewesen, den er jemals von irgendjemandem in seinem schrecklichen Leben erhalten hatte. An körperliche Nähe der intensiveren Art wagte er gar nicht erst zu denken. Und als er es dann aus purer Verzweiflung an sich selbst versucht hatte, war er von der Klassensprecherin auch noch dabei erwischt worden. Das Mädchenklo war aber auch ein denkbar ungünstiger Ort für das erste Mal gewesen.

Nein, Hugo Egon Schroll wurde nicht gerade vom Glück verfolgt.

Es gab lediglich eine Sache in seinem Leben, die wenigstens halbwegs geklappt hatte. Hugo Egon Schroll war Drachenflieger. Auch darin war er – wie überall sonst – keine große Leuchte und war auch schon das eine oder andere Mal abgestürzt, hatte es aber immerhin überlebt. Wahrscheinlich die größte Leistung in seiner bisherigen Laufbahn. Doch wie schon erwähnt, war er auch im Fliegen nicht sonderlich begabt. Wenn sich andere noch unter Zuhilfenahme der Thermik der Sonne entgegenschraubten, stand er schon lange wieder am Boden und lud sein Fluggerät auf den Bus. Aber das störte ihn nicht. Voller Begeisterung war er mehrmals die Woche mit seinem verrosteten VW-Bus auf das Walberla gefahren und hatte sich hinuntergestürzt.

Bis jetzt.

Denn jetzt war es verboten. Das Walberla war zum Naturschutzgebiet erklärt geworden, das Fliegen ab sofort untersagt.

Als Hugo Egon die Nachricht von der Sperrung erhielt, hatte er sich gerade auf dem Weg zum Klassentreffen seiner Grundschulklasse in Neunkirchen befunden. Er war geschockt und verzweifelt gewesen. Sein Walberla gesperrt!

Das Treffen war dann auch nicht gerade toll verlaufen. Selbst nach so vielen Jahren wurde er noch schräg angeredet, ausgelacht oder gleich gemieden. Es hatte sich nichts verändert. Die meisten seiner Klassenkameraden hatten es zu etwas gebracht. Der Klassensprecher Ferdinand Kuhn war sogar in der oberen Etage des Landratsamts gelandet. Lachend hatte er Hugo Egon erzählt, dass er die Idee mit der Sperrung des Walberla für Dra-

108

chenflieger gehabt hatte. Diese idiotischen Typen müssten ausgerottet werden, hatte er lachend erklärt. Waren sowieso nur Ungeziefer der Lüfte. Sein Blick verriet seine Gedanken: Schroll, diese tumbe Nuss, begriff ja gar nicht, wovon er, Ferdinand Kuhn, da redete.

Hugo Egon begriff allerdings sehr gut, denn blöd war er nicht – auch wenn ihn alle dafür hielten.

Er hatte Ferdinand Kuhn hasserfüllt angestarrt. Kuhn, der ihm die einzige Frau ausgespannt hatte, die jemals an ihm interessiert gewesen war. Beate Rödentaler. Hugo Egon war zutiefst verletzt gewesen.

Und jetzt hatte ihm dieser eitle Beamtenfatzke mit einem willkürlichen Federstrich auch noch den einzigen Lebensinhalt zerstört, der ihm verblieben war. Er hatte das Walberla gesperrt, seinen geliebten Flugberg.

Später hatte ihm Ferdinand Kuhn noch zu allem Überfluss erzählt, dass er am nächsten Tag mit seiner Lebensgefährtin Beate Rödentaler eine Ortsbegehung des Walberla machen würde. Lächerlich. Für wie blöd hielt ihn dieses Arschloch eigentlich? Hinter der Bezeichnung »Ortsbegehung« versteckte sich bestimmt sowieso nur das Aufsuchen einer kleinen versteckten Wiese, auf der er früher auch gern mit Beate Rödentaler verschwunden wäre. Früher …

Die letzte Mitteilung war zu viel für Hugo Egon gewesen, der sprichwörtliche Tropfen, der das Fass zum Überlaufen brachte. Am nächsten Tag hatte er beschlossen, sein Leben zu ändern – radikal zu ändern.

Er hatte jetzt genug. Der Kanal war endgültig voll. Trotz des Verbotes war er heute Morgen von seinem Walberla mit dem Drachen gestartet. Das Wetter war bestens, es herrschten ideale Flugbedingungen.

Minuten später sah er unter sich auf der Wiese zwei nackte Körper, die sich lustvoll verschlungen hin und her wälzten. Hugo Egon Schroll lächelte kalt und öffnete entschlossen den Auslösemechanismus des Karabiners, mit dem er im Trapez des Drachens hing.

Während er fiel und die Wiese rasend schnell näher kam, zog sein verpfuschtes Leben ein letztes Mal an ihm vorüber.

Er lachte verbittert auf. Wenigstens würde er einen der widerwärtigsten Menschen, die er in seinem Leben hatte ertragen müssen, mit in den Tod reißen.

Das war sein letzter Gedanke, dann gingen ihm die Lichter aus.

Beate Rödentaler schrie erschrocken auf, als der Körper Schrolls knapp neben ihnen in der Wiese einschlug und etliche unschuldige Grashüpfer unter sich begrub. Nach einer kurzen Schrecksekunde blickte sie voller Mitleid in das Gesicht des grimmig lächelnden Toten.

»Zielen hast du auch noch nie gekonnt«, sagte sie leise.

Jede Frau sollte vier Haustiere besitzen.
Einen Jaguar vor dem Haus,
einen Nerz im Schrank,
einen Tiger im Bett
und einen Esel, der alles bezahlt.
Paris Hilton

Eifersüchtige Volksweise

Ade zur guten Nacht,
heut hab ich sie umgebracht.
Sie mussten nicht leiden.
Im Sommer, da war's schon net schö,
im Winter, da tat's richtig weh,
drum mussten sie scheiden.

Es trauern in großer Zahl
die Männer hier im Tal,
die du hast erfreuet.
Doch jetzt liegst du tot im Sand,
weil ich euch zusammen fand,
ich hab's nicht bereuet.

Das Blut, es rinnt und rauscht
wohl dort am Holderstrauch,
wo ich euch erschlagen.
Wie weh das im Innern tat,
da Herz bei Herzen lag.
Wer soll das ertragen?

Die Mädchen dieser Welt
sind falscher als das Geld
mit ihrer Liebe.
Ade zur guten Nacht,
jetzt hab ich den Schluss gemacht,
nichts wird mehr getrieben.

Respekt vor fremdem Eigentum
ist langweilig und hält nur unnötig auf.
Fidel Castro

Alien

»Was habt'n ihr in dem Sack da?«, fragte der alte Bauer Stöcker seine Söhne, als sie das seltsame Paket vom Ladewagen hoben.

»Kaa Sorche, Baba, des is a Reh, des is aufm Agger grebiert«, beruhigte ihn Helmut Stöcker, sein Ältester.

»Des is doch a Außerirdischer!«, rief der alte Bauer nervös und fuchtelte mit seiner doppelläufigen Schrotflinte in Richtung des schwarzen Sacks, der gerade auf den Boden geplumpst war.

»Nää, ke Alien, Vadder, a Reh, des vom Lasder überfahrn wurde«, erwiderte nun reichlich genervt Erwin, sein zweiter Sohn. Langsam ging ihm sein Alter auf die Nerven.

Gut, es war sein Vater. Gut, er litt an schwerer Demenz. Und gut, der Zweite Weltkrieg war gerade erst vorbei, und die Zeiten waren hart. Alles schön und gut, aber gerade heute konnte er das dumme Geschwätz seines Erzeugers überhaupt nicht gebrauchen. Entnervt legte Erwin das schwarze Bündel hinter den noch halb mit Heu beladenen Wagen und ging entschlossen auf seinen Vater zu. Es reichte.

»Jetzt du die Gnarre nunner, Vadder. Des is ke Alien, Herrschaftszeiten.« Damit entwand er dem alten Anton Stöcker dessen schwere, doppelläufige Schrotflinte, bevor er mit ihr noch Schaden anrichten konnte. Erwin packte den alten Bauern an der Schulter und schob ihn mitsamt seiner Doppelläufigen quer durch die Zimmer im Erdgeschoss und hinten zur Scheune wieder hinaus. Dort setzte er ihn auf die Gartenbank, die er extra für ihn gebaut und an dieser Stelle platziert hatte. Von hier hatte der alte Anton freie Sicht auf die Wiesen hinter der Scheune, auf ein paar alte Geräte und den riesigen Heuhaufen. Hier konnte er für den Rest des Abends sitzen und auf irgendwelche Aliens warten.

Erwin Stöcker war echt genervt von seinem Alten. Seit einem halben Jahr ging der nicht mehr ohne Gewehr aus dem Haus und wartete zumeist auf seiner Gartenbank auf die große Invasion der Außerirdischen. Niemand konnte sich erklären, wie der alte Bauer auf diese schwachsinnige Idee gekommen war. Vielleicht hatten die Amerikaner den Anstoß dazu gegeben, die vor einem Vierteljahr einmarschiert waren, oder die Jules-Verne-Heftchen, die sie beim Aufräumen in seinem Zimmer gefunden hatten – man wusste es nicht.

Mittlerweile hätten Helmut Stöcker und sein Bruder Erwin jedenfalls wirklich nichts mehr dagegen gehabt, wäre ein Raumschiff gelandet und hätten irgendwelche langfingrigen Geschöpfe vom Mars den panischen Greis einkassiert. Sie hätten sie dafür sogar bezahlt – mit allem, was Außerirdische auch immer als Währung akzeptierten. Allerdings war es extrem unwahrscheinlich, dass Aliens ausgerechnet in Querbachshof landen würden. Selbst für Aliens lag der Ort etwas zu weitab vom Schuss.

»So, Baba, da bleibst jetzt hoggn, bis mer dich nacherd zum Abendessen holn, okay?«, befahl Erwin streng.

Der alte Stöcker umklammerte stumm, aber entschlossen sein Gewehr und blickte grimmig in die sanfte Landschaft der Rhön. Er hatte sich aus der Realität bereits wieder ausgeklinkt und konzentrierte sich auf die Raumschiffe, die sich vom Horizont her näherten.

Sein Sohn drehte sich um und ging wieder zu seinem Bruder zurück. Der empfing ihn mit fragendem Blick. Es stand eine Entscheidung an.

»Was mach mer denn jetzt mit der Drecksau da?«, fragte er ohne Umschweife.

Erwin Stöcker antwortete nicht gleich, sondern blickte sich nachdenklich um. Der elterliche Aussiedlerhof lag etwa einen guten Kilometer außerhalb von »Quarbich«, weit genug entfernt von jeglichen möglichen Beobachtern. Sie hatten Zeit.

»Der neue Brünn«, sagte Helmut schließlich, einem spontanen Einfall folgend.

»Der neue Brünn is gut. Da schmeiß mer den nei und dann Benzin drauf, und dann tun mern verbrenn. Sonst versaut der uns noch des ganze Grundwasser, wenn er verfault. Alles klar?« Erwin nickte anerkennend. Gar keine so schlechte Idee. Wieder fiel sein Blick auf den schwarzen Sack.

115

Der falsche Hund hatte nichts Besseres verdient gehabt, und endlich hatten sie ihn erwischt. Schon seit Jahren hatte irgendjemand die Grenzsteine auf ihren Äckern verschoben. Bis sie es gemerkt hatten, waren schon locker drei Morgen weg gewesen. Der Obmann der ortsansässigen Bauern hatte bestätigt, dass die Steine verrückt worden waren – jeder Feldgeschworene konnte das unzweifelhaft feststellen –, aber herausfinden, wer das gemacht hatte, hatte er nicht können.

Doch heute Nacht hatten sie ihn endlich erwischt, den Drecksack. In flagranti hatten sie ihn mit einem getürkten Grenzstein in der Hand auf ihrem größten Acker ertappt. Mit eben jenem Stein, mit dem sie ihn dann erschlagen hatten. Erwin hatte den Kopf des Betrügers in seiner Rage zu Brei zertrümmert. Landraub war auf dem Land das übelste Verbrechen. Und jetzt, gerade nach Kriegsende, wo alle nur schauten, wo und wie sie etwas zu essen beschaffen konnten, war so ein Vergehen besonders verwerflich. Im Krieg hatten wenigstens noch zwei französische Kriegsgefangene auf dem Hof gelebt, die bei der Arbeit mitgeholfen hatten, aber die waren jetzt auch wieder in ihre Heimat zurückgekehrt.

Den Bauern ging es nicht gerade gut, aber Helmut und Erwin Stöcker waren nicht zimperlich in ihren Methoden der Essensbeschaffung. Und diese Methoden erstreckten sich auf alle Lebensbereiche.

Deswegen hatte bisher auch jede weibliche Errungenschaft nach wenigen Tagen fluchtartig das Gelände verlassen. Landwirtschaft hin oder her, wer wollte in seiner Beziehung schon behandelt werden wie ein Belegschaftsmitglied des angrenzenden Schweinestalls? Aber Helmut und Erwin waren so aufgewachsen: mutterlos, nur mit durchgeknalltem Vater und in einer Landwirtschaft, sodass sie in ihrem Leben nur die harte Arbeit auf dem Hof kennengelernt hatten. Das karge bäuerliche Dasein in der Rhön hatte sie nicht gerade zu Philanthropen heranreifen lassen. Und ihre jetzige Situation erforderte ja auch eher das genaue Gegenteil. Das Wichtigste war jetzt, diese Drecksau da irgendwie vom Hof verschwinden zu lassen.

»Hobb, jetzt sauf mer erscht amal ens«, regte Erwin, der Jüngere, an, während er mit dem Stiefel noch einmal kräftig und hasserfüllt gegen den reglosen Sack trat.

Helmut Stöcker konnte sich für die Idee durchaus erwärmen. Die Schlepperei war schließlich anstrengend genug gewesen. Also öffneten sie im Hof stehend ein Karmeliterbier nach dem anderen, bis ihr erregtes Gemüt genug eingenebelt war und die abendliche Dämmerung über sie hereinbrach.

»Jetzt wird's aber langsam Zeit«, mahnte Helmut schließlich.

»Der muss fodd, sonst stinkt der uns noch den ganze Hof zam«, kicherte sein jüngerer Bruder. Reichlich angetrunken schleppten sie die Leiche samt Sack zu dem neu gebohrten Brunnenschacht neben den halb verfallenen Schweineställen. Dort gaben sie dem Bündel einen letzten Schubs, und der tote Übeltäter verschwand auf Nimmerwiedersehen in dem fast zehn Meter tiefen Loch.

»Ich schüdd jetzt des Benzin nei, und du kümmersd dich um des Feuer«, lallte Helmut Stöcker, und sein kleiner Bruder wankte schnurstracks in den Stall, in dem immer eine Schachtel Zündhölzer auf dem Fensterbrett lag. Als Erwin schwankend zurückkam, hatte Helmut die Brunnenbefüllung bereits erledigt. Fünfzig Liter Benzin hatte er hineingeleert: die gesamte Notration für den Tank des hauseigenen Lanz-Traktors.

Beide Brüder schauten andächtig und zufrieden in das dunkle Loch, aus dem bereits der Geruch des sich verflüchtigenden Benzins emporstieg. Mit einer betont lässigen Geste hob Erwin Stöcker ein brennendes Streichholz und wollte es in einer eleganten Bewegung in den Schacht werfen, doch Besoffene verhalten sich in der Regel eher grobmotorisch, und auch Jungbauer Erwin Stöcker bildete in keiner Weise eine Ausnahme der Regel.

Es ging alles ganz schnell. Sein Bruder hatte keine Chance, einzugreifen. Erwin Stöcker verlor das Gleichgewicht und stürzte, mit den Füßen vorausschlitternd, in den Brunnenschacht. In seinem Schock hielt er noch immer das brennende Zündholz fest umklammert.

Die Dämpfe hatten sich inzwischen zu einer hochexplosiven

Melange aus Benzin und Sauerstoff vermischt und simulierten quasi die gleichen physikalischen Gegebenheiten, die in der Brennkammer eines Otto-Motors herrschten – nur dass in der Brunnenbrennkammer der Zylinderkopf fehlte beziehungsweise durch einen Menschen ersetzt worden war. Als Ergebnis schoss Jungbauer Erwin Stöcker unter den Augen seines Bruders in einer gewaltigen Explosion aus dem Brunnen.

Helmut Stöcker glaubte, seinen Augen nicht zu trauen, als sein schreiender Bruder schräg und mit mindestens siebzig Sachen durch die Luft und über die Scheune flog, ehe er lautlos dahinter verschwand. Helmut Stöcker rannte los.

Erwin fiel tief und weich. Er qualmte und spürte, dass sein Arsch angesengt war, die Klamotten nur noch in Fetzen an ihm herunterhingen und ein Großteil seiner Haarpracht verbrannt sein musste. Umständlich wühlte er sich aus dem riesigen Heuhaufen heraus, säuberte sich und blickte an sich hinunter. Alles an ihm war verbrannt oder zerfetzt, aber ansonsten schien er erstaunlicherweise völlig unverletzt zu sein. Er befühlte sich noch einmal von oben bis unten. Nichts, ein absolutes Wunder! Und einen affengeilen Flug hatte er auch noch erlebt.

Er lachte, immer noch leicht beduselt. Da hatte er ja mal richtig Schwein gehabt, dachte er und machte einen Schritt nach vorn. Mal schauen, wie es der Drecksau im Brunnen ging.

Unerwartet fiel ein Schuss. Der Stoß gegen seine Brust warf ihn die soeben zurückgelegten zwei Meter zurück auf den Heuhaufen. Blut breitete sich auf den verbrannten Resten seines Hemdes aus, Blut lief aus seinem Mund. Das Leben rann aus seinem Körper.

Als Helmut Stöcker die Rückseite der Scheune erreichte, sah er gerade noch, wie sein Bruder sterbend auf dem Heuhaufen zusammensackte. Fassungslos blickte er zur Seite, wo sein Vater mit einem äußerst zufriedenen Gesichtsausdruck stand.

»Die Drecksaußerirdischen«, brummte der Senior kaum hörbar. »Endlich hab ich emal en erwischt!«

Die Wasserleiche

Die Wasserleiche, tiefgefrorn,
adelig, hochwohlgeborn,
ein Loch ihm in den Kopf gehaut,
man erkennt, weil aufgetaut,
es stinkt nach Fäulnis und nach Geld.
Vor allem, was ins Auge fällt,
ist die Gemahlin des Verbleichten.
Ihre Aussagen, sie reichten
nicht, keiner glaubt ihr das Geringste,
denn – sie grinste.

Der Mut islamischer Kämpfer
erklärt sich daraus, dass ein Mann,
der mehrere Frauen hat,
dem Tod furchtlos ins Antlitz sieht.
Karl Dall

Dreizehn

Es war so weit, sie hatten ihn gefunden. Durch die Wohn-
wagenfenster hindurch konnte er das rußige Flackern ihrer
Fackeln sehen. Er war umstellt. An eine Flucht brauchte er gar
nicht erst zu denken. Selbst wenn er es geschafft hätte, die Tür
aufzureißen und den Belagerungsring um seinen Wohnwagen
zu durchbrechen, wohin hätte er denn flüchten sollen? Der
Campingplatz in Nördlingen lag abseits jedweder Hilfe und
Zivilisation, dafür aber an einem idyllischen See. Idyllisch und
einsam.

Und draußen standen sie jetzt. Sie waren wild entschlossen
und trugen selbst genähte Kapuzen, die denen des Ku-Klux-
Klans ähnelten. Sie wollten seinen Tod, so viel war sicher. Aber
wie hatten sie ihn finden können? Jahrzehntelang hatte er alles
so organisiert, dass seine Spuren unauffindbar gewesen waren,
dass nichts und niemand sie hatte zurückverfolgen können.

Er reise allein, hatte er immer erzählt. Sei Handlungsreisender
für Tiefbohrprojekte. Eine absolut plausible Geschichte. Das
hatte auch erklärt, wieso er das halbe Jahr unterwegs und nie
zu Hause war – wo immer das auch gerade war. Die Erklärung
mit den Tiefbohrprojekten hatte er aber wohl zu ernst genommen, denn im Laufe der Zeit hatte er in seiner Außenhandels-
tätigkeit mit dreizehn Frauen siebzehn Kinder gezeugt. Auf
drei Kontinenten! Das musste ihm erst einmal einer nachma-
chen. Nicht, dass er das geplant hatte. Eigentlich konnte er mit
Kindern nichts anfangen. Die waren ja auch eher hinderlich
beim Reisen, und er liebte seine Freiheit. Er, Klaus Christoff
aus Schweinfurt, wollte sich nicht binden. Deswegen hatte er
auch seine erste große Liebe in Argentinien verlassen. Als Esmeralda Ruiz ihm 1973 mit leuchtenden Augen von dem großen Glück erzählte, hatte er sich erst mit ihr mitgefreut und
fünfundzwanzig Minuten später das Flugticket nach Frankfurt
gebucht. Und so war es auch mit der Nächsten und der Über-
nächsten gegangen. Nur bei Françoise aus Montreal wäre er

fast geblieben. Was für eine Frau! Eigentlich hatte sie alles, was er sich von einer Frau wünschte. Sie war intelligent, hatte eine tolle Figur, und sie liebte ihn – wirklich. »Isch werde wieder auf disch warten, *mon cher*«, flüsterte sie jedes Mal beim Abschied und knabberte an seinem Ohr. Es fiel ihm schwer, sie zu verlassen. Aber wenn sein Blick auf die drei Kinder fiel, die ihn beim Abschied treudoof ansahen, verging ihm sofort wieder alles, und als ihn die älteste Tochter das erste Mal mit »Papa« anredete, wurde ihm ausgenommen schlecht. So schnell er konnte, lief er in den Garten hinaus und übergab sich. Nein, das hatte nicht gut gehen können. Und Kanada war sowieso viel zu kalt gewesen.

Aber jetzt stand Françoise mit all den anderen da draußen vor seinem Wohnwagen. Mit Esmeralda, Beate, Nicole, Nunike, Charlotte, Sandy, Jana, Kim, Alika, Fatima, Jemina und Friederike. Von den Kindern ganz zu schweigen, die verstreut zwischen ihren Müttern standen, um ihn, ihren männlichen Vorfahren, möglichst qualvoll auszulöschen. Das würde sein Ende sein.

Er hatte schon etwas in der Richtung geahnt, als er auf dem Nürnberger Christkindlesmarkt der Wahrsagerin in die Augen geblickt und diese ihm dringend geraten hatte, die Zahl Dreizehn zu meiden. Sie hatte ihm nicht weiter die Gründe erläutert, nur gesagt, dass die Dreizehn ihn umbringen würde. Der Besuch bei der Wahrsagerin hatte vor sechs Monaten stattgefunden, und seitdem lief er wie ein Zombie durch die Gegend. Er war ein Idiot gewesen. Das Schicksal hatte ihn gewarnt, doch er hatte mal wieder nicht hören wollen. Und jetzt war es zu spät.

Mit hoch erhobenen Fackeln kamen sie näher. Verzweifelt fing er an, um Hilfe zu rufen, aber niemand hörte ihn. Wie auf Kommando wurden die Fackeln gesenkt, und der Geruch von verbranntem Kunststoff drang in den Wohnwagen. Schwarzer Qualm breitete sich aus, er würde ersticken. Er schrie, so laut er konnte.

Schweißgebadet wachte er auf. Er saß aufrecht in seinem Bett. Seine Freundin Andrea kam gerade aus der Küche zurück, kroch zu ihm unter die Bettdecke und legte ihm beruhigend die Hand auf die Brust. »Beruhige dich«, sagte sie sanft. »Du hast nur geträumt.«

Es dauerte einen Moment, bis er begriff, aber dann fiel er erleichtert lächelnd in seine Kissen zurück. Gott sei Dank. Jetzt wurde ihm alles wieder klar, und die dunklen Schatten seines Traumes verschwanden. Er war Klaus Christoff aus Schweinfurt und arbeitete bei SKF am Band. Und er hatte auch keine dreizehn Frauen, sondern nur eine einzige, die er sehr liebte. Alles war nur ein Phantasiegespinst gewesen. Er drehte sich um und strich der hochschwangeren Andrea versonnen über ihren Bauch. Dann erst bemerkte er ihr verstörtes Gesicht. »Was ist denn?«, fragte er besorgt. »Warum schaust du so ernst, Schatz?«

Sie rückte näher an ihn heran. »Du hast im Schlaf geredet, Klaus«, sagte sie kalt. Dann stieß sie die Klinge des Küchenmessers tief in seine Brust.

Es ist leichter, ein Atom zu zertrümmern,
als den Argwohn einer Frau.
Albert Einstein

Miss Trauisch

Vera Trauisch begann nun doch leicht nervös zu werden. Zielstrebig und konsequent hatte sie ihren Plan verfolgt, war dabei eiskalt gewesen und hatte die ihr eigene Präzision an den Tag gelegt.

Aber nun, so kurz vor dem entscheidenden Moment, bemerkte sie eine gewisse Unruhe. Obwohl sie eigentlich wusste, dass nichts schiefgehen konnte, war ihr auch bewusst, dass selbst der perfekteste Plan durch unvorhergesehene Ereignisse aus den so penibel vorbereiteten Angeln gehoben werden konnte. Heutzutage war ja alles möglich. Springfluten, Tornados und Meteoriteneinschläge. Allerdings waren derartige Torpedos des Schicksals schon extrem unwahrscheinlich. Sie lächelte sich selbst ins Gemüt, um ihre aufgewühlte Seele zu beruhigen. Sie hatte alles getan, um das perfekte Verbrechen zu begehen, also würde es auch gelingen. Basta.

Vera Trauisch war genau. Sehr genau. So genau sogar, dass diese Eigenschaft schon nervte – und zwar so ziemlich alle, die mit ihr zu tun hatten. Es grenzte schon an ein Wunder, dass sie nicht auch noch die kleinen Tabletten im Süßstoffspender nachzählte. Ansonsten wusste Vera Trauisch so ziemlich über alles in ihrem Leben genau Bescheid. Über ihr näheres Umfeld sowieso, aber was ihren Mann betraf, in jeder Hinsicht. Sie wusste, was er am Morgen anzog, was er aß, mit wem er telefonierte, war über seine Verabredungen informiert und kannte seine Lieblingssendungen. Sein gesamtes Leben lag vor Vera Trauischs planerischer Seele wie ein offenes Buch. Und ohne Überprüfung der Kleiderordnung konnte man den armen Kerl ja morgens auch nicht aus dem Haus gehen lassen. Täte man es doch, so würde das für ihn entweder in irgendeinem fernen Sanatorium oder in der Bildzeitung enden. Da war es schon besser, Vera Trauisch schaute modetechnisch noch mal über ihn drüber. Ihr Mann Jörg war schließlich auch nur eine Figur auf dem Schachbrett ihres Lebens.

Nichts blieb Vera Trauisch verborgen in ihrer wohlgeplanten Beziehung, in ihrem wohlgeplanten Leben im oberfränkischen Kulmbach.

Doch seit vier Wochen war alles anders. Wie gewohnt hatte sie heimlich Jörgs Handy gecheckt, seine Anzugjacke durchsucht und unbemerkt seine E-Mails gelesen. Alles sehr unverfängliche Texte, nette Anschreiben oder harmlose Geschäftsbriefe. Nichts, was eine weitere Untersuchung erforderlich gemacht hätte. Aber das war auch nicht der Grund ihrer Gefühlswallungen. Nein, was Vera Trauisch in den Grundfesten ihrer Seelenarchitektur erschüttert hatte, war etwas völlig anderes. Ein Umstand, der sämtliche Alarmsirenen ihrer Überwachungsordnung schrillen ließ. Es war wegen Jörg, aber es gab keine Beweisfotos, keinen Nachweis heimlicher Telefonate, unnötiger Geschäftsessen an der sächsischen Grenze oder gar seltsame Übernachtungsbelege billiger Hotels in Mainleus. Damit hatte sie auch nicht gerechnet, denn sie hielt ihren Jörg ja für alles Mögliche, aber ganz bestimmt nicht für blöd. Andersrum konnte man das jedoch nicht sagen.

Sie war der Spiritus Rector der Trauisch'schen Familienwelt, und ihr lieber Jörg hielt sie offensichtlich für völlig bescheuert. Fassungslos hatte sie vor vier Wochen auf ihren Laptop gestarrt, der sich mithilfe eines Trojaners aus dem Internet Zutritt zum Computer ihres Mannes verschafft hatte. Jörg würde natürlich niemals mit derartigen Fertigkeiten seiner Frau rechnen. Er glaubte ja immer noch, eine Frau am Computer wäre so etwas wie ein Fisch auf dem Fahrrad.

Aber Vera Trauisch lernte schnell. Und ganz besonders schnell lernte sie Techniken, die der überwachungstechnischen Perfektionierung der familiären Verhältnisse dienten. Jetzt war sie tatsächlich fündig geworden. Etwas Unglaubliches war passiert. Diese Angst, die schon immer latent in ihrem Unterbewusstsein geschlummert hatte, bahnte sich nun eruptiv den Weg an die Oberfläche ihres Bewusstseins, um sich dort uneingeschränkt auszubreiten. Männern konnte man einfach nicht trauen, das hatte ihr schon ihre Mama wieder und wieder in Jugendzeiten eingeimpft. Und anscheinend sollte sich diese uralte Weisheit nun bewahrheiten.

Was geschehen war? Ganz einfach. Ihr Jörg hatte ein E-Mail gelöscht. Und zwar ohne sich mit ihr abzusprechen. Am Freitag, dem 10. Juno 2011. Das allein war schon ein gefährlicher Umstand, doch noch prekärer wurde er, wenn man sich die Uhrzeit der Löschung besah.

Null Uhr siebenundvierzig. Was machte ihr Mann um diese Uhrzeit am Computer beziehungsweise im E-Mail-Programm? Für jede Ehefrau konnte es auf die Frage nur eine Antwort geben. Seit ihrer Hochzeit und der zeitgleich angelaufenen flächendeckenden Überwachungsaktion war dies noch nie vorgekommen, aber ausgerechnet jetzt, zu ihrem fünfundfünfzigsten Geburtstag, musste es passieren. Bis heute hatte sie noch zwei weitere E-Mail-Löschungen zu ähnlich ominösen Uhrzeiten aufgespürt. Als sie ihren Mann einmal beiläufig gefragt hatte, ob er nicht, vielleicht aus Versehen, E-Mails in den Computerpapierkorb befördert hatte, hatte sie als Antwort nur ein äußerst vehementes Leugnen der für sie feststehenden Tatsachen erhalten.

Das war Beweis genug gewesen. Ihr war alles klar geworden. Ihr Mann hinterging sie mit einer anderen Frau. Bestimmt war sie jünger und rupfte ihm auch nicht in aller Frühe die rosa karierte Krawatte vom Hals. Wahrscheinlich irgend so eine widerspruchsfreie Lola aus dem Fichtelgebirge, die sich endlich einen Ernährer erschminkt hatte. Bitte, von ihr aus! Sollten die beiden sich doch ihre schmalzigen Briefchen über das Internet schicken. Wahrscheinlich hätte sie gleich auf die Warnungen ihrer Mutter hören und statt Jörg diesen Tierarzt aus Himmelkron nehmen sollen.

Aber das war nun alles Geschichte. Jeder machte mal einen Fehler im Leben. Aber in ihrem würde das ganz bestimmt der letzte gewesen sein. Dafür hatte sie jetzt gesorgt. Mit betont freundlicher Miene schaute sie prüfend um sich. Die Geburtstagsgäste lächelten alle freundlich zurück. Diese verlogene Bande. Wahrscheinlich wussten sie alle von dem offenen Geheimnis und dachten sich ihren Teil. Etliche standen mit wissendem Gesichtsausdruck tuschelnd in der Ecke. Auch ihr Mann musste sich das Grinsen in einer Tour verkneifen. Dieser elende Lump. Selbst auf ihrer Geburtstagsfeier konnte er seine Gefühle nicht im Zaum halten. Für den Event hatte er sogar eine ganze Kneipe in Kulmbach angemietet. Sie blickte weiterhin verstohlen um sich. Alle weiblichen Wesen hier kannte sie. War die Konkubine etwa im anwesenden Bekanntenkreis zu suchen? Dann sollte es eben so sein. Ein weiterer Grund, um hier und heute Tabula rasa zu machen.

In einer Ecke stand ein herrenloser Tisch herum, wahrscheinlich für irgendeine billige Überraschung zu Ehren ihres Schnapszahlen-Geburtstages. Immer wieder schweifte ihr Blick mit bissigen Gedanken zu dem einsamen Möbelstück hinüber. Womöglich ließ Jörg gleich so einen halb nackten Idioten aus einer überdimensionierten Torte hopsen. Das würde zu seinem Humor passen. Aber gut, lange würde sie diese Art von Peinlichkeiten sowieso nicht mehr ertragen müssen. Von Jörg nicht und auch nicht –

Ein Mann betrat die »Feuerwache« in Kulmbach. Zielstrebig ging er zu dem herrenlosen Tisch und stellte dort seine lederne Umhängetasche ab. Von irgendwoher kannte sie diesen gut aussehenden Menschen mit den blonden Haaren doch, aber im Moment konnte sie ihn nirgendwo einordnen. Auch ihr Mann hatte den Fremdling bereits entdeckt und begrüßte ihn erfreut. Was, zum Teufel, sollte das denn jetzt werden? Während sich der große Blonde hinter dem Tisch niederließ, stellte sich Jörg daneben und klatschte entschlossen in die Hände.

»Alle mal herhören!«, rief er laut und vernehmlich. Die Gäste wandten sich ihm grinsend zu, bevor sie ihr, der betrogenen Ehefrau, immer wieder erniedrigende und belustigte Blicke zuwarfen.

Was soll das denn jetzt bloß werden?, dachte sie verbittert und auch leicht verunsichert. Würde er jetzt öffentlich die Scheidung bekanntgeben und hatte praktischerweise gleich den Anwalt mitgebracht? Sie knirschte mit den Zähnen. Sollte er nur machen; wer zuletzt lacht, lacht am besten. An dem gedanklichen Geländer hangelte sie sich schon seit Tagen entlang. Für sein Alter sah Jörg eigentlich noch richtig gut aus. Jetzt stand er mit einem breiten Grinsen im Gesicht da. Dem Grinsen, für das sie ihn vor Jahren so geliebt hatte. Schnell unterdrückte sie jedes Gefühl der aufkeimenden Reue. Sie musste jetzt stark sein, ganz wie ihre Mutter es immer von ihr gefordert hatte.

»Liebe Vera«, begann ihr Mann seine wohlüberlegte Ansprache, »da ich mir für deinen fünfundfünfzigsten Geburtstag etwas wirklich Besonderes einfallen lassen wollte, ist dieser Mann nun hier zugegen. Er ist nicht hier, weil er jünger und hübscher ist als ich, nein, Vera, dieser Mann ist ein Kriminalschriftsteller aus Bamberg. Er hat die Romane geschrieben, für die du dich so begeistert hast. Zu Ehren deines Jubeltages wird nun Helmut Vorndran eine extra für dich geschriebene Kriminalgeschichte zum Besten geben, die unter anderem auch bald in seinem Buch mit dem schönen Titel ›Tot durch Franken‹ erscheinen wird.«

Das Publikum klatschte begeistert Beifall, und Jörg Trauisch hatte Mühe, die Gäste wieder zu beruhigen. Sein Grinsen wurde noch breiter, als er fortfuhr: »Ich kann nicht verhehlen, dass es nicht leicht war, das Engagement von Helmut Vorndran vor dir zu verheimlichen. Du mögest mir das verzeihen, liebe Vera, aber dafür habe ich sogar heimlich E-Mails auf meinem Computer löschen müssen.«

Allgemeines Lachen schwappte Jörg Trauisch entgegen, während er seine geliebte Ehefrau anstrahlte, die ihrerseits in den letzten Sekunden zu einer Salzsäule erstarrt war.

»Aber nun Bühne frei für Helmut Vorndran!«, rief Jörg Trauisch, während sich der Überraschungsschriftsteller mit seinem Manuskript auf dem Stuhl zurechtruckelte.

»Na, dann wollen wir mal Stimmung in den Saal bringen«, sagte Helmut Vorndran fröhlich, der in den ihm entgegenblickenden Gesichtern eine sich ausbreitende Mattigkeit entdecken konnte. Das Geburtstagskind schaute ihn hingegen an wie ein Zwerghase mit Verdauungsproblemen.

In diesem Moment krampfte sich alles in Vera Trauisch zusammen. Sie hatte einen schrecklichen, unumkehrbaren und tödlichen Fehler begangen. Und sie wusste, dass die Müdigkeit der Geburtstagsgesellschaft in den nächsten Minuten noch rapide zunehmen würde, denn das Gift begann langsam zu wirken.

»Nun, wie Sie alle sicher wissen, gibt es sehr unglückliche, vor allem aber oft auch sehr unerwartete Todesfälle hier in Franken«, begann Helmut Vorndran seinen kriminalistischen Vortrag ...

Das Motiv

Ein Motiv saß auf dem Mord
und fragte sich in einem fort:
Warum bin ich eigentlich hier?
Die Bullen suchen bestimmt nach mir!
Bald schon waren die Herrn vor Ort,
um zu verhörn Motiv zum Mord.
Doch die Schuld, die wies es von sich:
»Keine Ahnung, warum der verblich!

Dieser Mann ist umgekommen,
was mich betrifft, das bleibt verschwommen.
Gründe wird es sicher geben
für das plötzliche Ableben.
Doch dies ist ohne mich passiert,
wie wenn wer stolpert oder erfriert.
Nicht alles führt auf mich zurück,
nicht alle haben eben Glück.«

Daran warn die Bullen nicht gewöhnt
vom Motiv, das gern verwöhnt
mit Lösungen für den Grunde
der tödlichen Wunde.
So hat man das Motiv gefasst,
verurteilt zu zehn Jahren Knast
bei Wasser und nur wenig Brot,
bis dass es sagt, warum wer tot.

So bleiben Taten unbelassen.
Kein Meuchler ist jetzt mehr zu fassen.
Uns jeder Mord ins Dunkle führt,
bis das Motiv begnadigt wird.

*Die Zehn Gebote sind deshalb so klar,
weil sie ohne Mitwirkung einer
Expertenkommission zustande
gekommen sind.*
Charles de Gaulle

Die Frankenbande

Völlig außer Atem standen sie auf der Straße kurz hinter Gemünda und blickten sehnsüchtig auf den großen alten Grenzstein, der die Grenze zum Gelobten Land markierte. Dort drüben war Thüringen, doch sie ahnten, dass sie die Grenze nicht mehr lebend überqueren würden. Sie würden hier sterben, im gottverlassensten Winkel des Coburger Landes, einem der vergessenen Randzipfel Frankens.

Sie waren in ihrem letzten Fluchtsatz nur noch bis zu folgender Stelle gekommen: »Das Komma und der Konjunktiv hatten die Landesgrenze zu Thüringen fast erreicht, aber nur fünfzig Meter vor dem rettenden Grenzstein ...« Dann waren die Reiter aufgetaucht.

Das kleine, schmächtige Komma blickte verzweifelt zum Konjunktiv hinüber, aber der stand wie immer mit unentschlossenem Gesichtsausdruck da und grübelte über Alternativen nach, die es nun nicht mehr gab. Alle Fluchtmöglichkeiten waren ausgeschöpft.

Die Berittenen umringten sie, richteten ihre Waffen drohend und unmissverständlich auf sie. Nein, an eine Flucht war nicht mehr zu denken, es war vorbei.

»Ja, wen hammer denn da?«, fragten höhnisch die Anführer und trabten auf einem Pferd näher an das Komma heran. Als Kopfbedeckung trugen sie breitkrempige Hüte, die aus der Ferne wie ein Gedankenstrich ausgesehen hatten und den Reitern etwas seltsam Martialisches verliehen.

Das Komma erschauerte und duckte sich unwillkürlich, während der Konjunktiv erste Anzeichen von Panik zeigte. »Vielleicht sollten wir ...«, begann er, aber das Komma schüttelte nur stumm den Kopf. »Aber wir könnten doch, beziehungsweise es würde doch auch ...« Der Konjunktiv verstummte. Die Reiter richteten einen überdimensionalen Radiergummi auf den zitternden Konjunktiv, der nun lieber nichts mehr vorschlug. Das Komma studierte währenddessen verstohlen ihre Gegner auf den Pferden.

Der Anführer war ganz eindeutig das in Germanistikkreisen berühmt-berüchtigte Harde Dobbel-D. Direkt dahinter saßen grinsend auf ihren Pferden das Harde B, gefolgt vom Harden G, dem Q und dem Scharfen ß. Alle waren entweder mit Radiergummi, Löschpapier oder Laptop bewaffnet. Es waren fränkische Dialektdesperados, die das Komma als Grammatikmarschall zur Strecke bringen wollten. Steckbrieflich gesuchte Sprachverbrecher, deren Konterfeis in jedem Zimmer der Duden-Zentralregierung aushingen. Intuitiv befühlte das Komma den blechernen Dudenstern an seiner Brust, der ihn als Vertreter der Kultusministerkonferenz und als offiziellen Hüter der deutschen Sprachgesetzexekutive auswies. Aber das würde ihm nun nicht mehr viel nützen. Sie befanden sich auf fremdem Hoheitsgebiet, waren dem erbarmungslosen Dialekt hilflos ausgeliefert. Ihre hehre Mission, die deutsche Hochsprache vom fränkischen Dialekt zu befreien, war gescheitert. Sie hatten versagt.

»So, Börschla«, knurrte das Harde Dobbel-D. »Des war wohl nix mit daaner Mission, odder? Hammer den Gechner a weng underschädzd, du germanisdischer Blechbadscher? Wär besser gewesen, ihr hädded agzebdierd, dass jeder des Komma sedzen kann, wo er will. Aber edzerd is hald endweder oder!« Die stahlblauen Augen des Anführers der Frankenbande bohrten sich in die ihres kleinen, schmächtigen Gegenübers. Resigniert senkte das Komma den Blick.

»Da hasd du dich leider mid die Falschen aaglechd«, sagte das Harde D unerbittlich.

»Endstadsion, du Kaschberl!«, rief das Harde Dobbel-D. Es hob den riesigen Radiergummi in die Höhe, das Pferd wieherte und stieg auf die Hinterhufe. Dann, als die Vorderbeine des rot-weiß Gescheckten wieder die Erde berührten, fuhren die Hände des Anführers nach unten und radierten mit wenigen gezielten Bewegungen das Komma aus. Es war, als hätte es nie existiert.

Der Konjunktiv hielt sich erschrocken die rechte Hand vor den Mund damit der Verzweiflungsschrei der sich in seiner Brust aufbaute nicht nach außen drang. Das Komma seinen besten

134

Freund gab es nicht mehr. Die Welt der deutschen Rechtschreibung war nicht mehr dieselbe. Das plötzliche und unerwartete Verschwinden des Kommas würde alles verändern und wahrscheinlich würde ihm dem Konjunktiv nun das gleiche Schicksal blühen. Zitternd schloss er die Augen.

»Und etzerdla zu dir du ewicher Zauderer« vernahm der Konjunktiv die lautstarke Stimme des Anführers der Frankenbande.

»Mid dir hammer aus frängischer Sichd eichendlich gar ka Broblem. Du schdörsd uns ned wirglich also bleibsd am Leben. Dafür döffsd du deina Herrschaffden da oben in Hannover fei was ausrichdn.«

Der Konjunktiv öffnete verblüfft die Augen. Welch wundersame Wendung der Dinge! Konnte es das Schicksal mit ihm dem Hilfssheriff des berühmten Kommas tatsächlich gut meinen? Konnte es sein dass er der Konjunktiv überleben könnte sollte würde?

»Du kannsd dena Herrschafden da oben Folchendes ausrichdn« fuhr das Harde Dobbel-D fort. »Ab soford wird in Frangen nur noch Frängisch gered. Glar? Und des haasd« das Dobbel-D machte eine bedeutungsvolle Pause »und des haasd es gibd hier kaa T Q oder P mehr versdanden? Und ab heud aach des Komma nimmer! Lauder Zeuch was kaa Mensch brauchd auf dera Weld. Und fei Obachd! Sollde noch amal so a bescheuerder Gesedzeshüder mid seim Dudenstern hier in Frangen auflaufen dann wern unsere Geiseln auf der Schdelle ausradierd!« Die Augen des Harden Dobbel-D loderten während sich im Hintergrund zustimmendes Gemurmel erhob.

»Geiseln? Was denn für Geiseln?« fragte der Konjunktiv eingeschüchtert.

»Der Bungd des Frachezeichen und die Anführungsschdriche sin in unserer Gewald. Also lassd unnern Dialeggd in Frieden sonsd gibds a Gemedzel dann macha mir kurzen Brozess!«

Ohne eine Antwort abzuwarten drehte sich das Harde Dobbel-D mit seinem rot-weiß Geschecketen von ihm ab und galoppierte gefolgt von seinen fränkischen Kumpanen davon. Der Konjunktiv konnte es kaum fassen. Er war tatsächlich noch am

Leben. Dann schaute er auf die letzten Sätze des vorangegangenen Textes und merkte wie ihm das Komma fehlte. Ihn überkam die Rührung und er weinte. Dann riss er sich wieder zusammen und wischte sich die Tränen aus dem Gesicht. Es galt die Freunde zu retten die in fränkischer Sprachgeiselhaft saßen. Das musste auch ohne Komma gelingen. Der Konjunktiv überlegte.

Zuerst würde er … Nein vielleicht sollte er doch lieber …? Oder es käme doch eine ganz andere Lösung …? So ein Mist. Als es noch lebte hatte das Komma immer eine klare Vorstellung davon wie es sich anwendete. Ach wenn es bei ihm doch auch so wäre …

*Auch andere Menschen
wollen es schwer haben.
Wir sollten ihnen dabei helfen.*
Paul Watzlawick

Rotgelegt

Georg Königers Miene war düster. Mindestens genauso düster wie das schmuddelige Novemberwetter, in dem er seinem nächsten Auftrag entgegenfuhr: einem Auftrag namens Mord.

Georg Königer war im Geschäft des Umbringens tätig, einer sogenannten Boombranche. Er kam mit der Auftragsbewältigung kaum nach, was aber auch daran lag, dass Georg Königer ein Meister seines Faches war, ein Spezialist. Angeheuert wurde er für die heikelsten Aufgaben in einem sowieso schon heiklen beruflichen Umfeld – gesucht wurde er von der Polizei. Die wusste zwar, dass es ihn gab, kannte aber nicht seinen Namen, geschweige denn sein Aussehen. In der Branche war Georg Königer vielmehr unter seinem Pseudonym »Ratte« bekannt. Der Name war in bestimmten Kreisen ein feststehendes Synonym für Zuverlässigkeit, Diskretion und absolute Professionalität. Wer einmal auch nur auf der To-do-Liste der Ratte landete, war praktisch schon tot, war im Prinzip schon verschwunden. Die Opfer des Killers wurden niemals wiedergesehen. Keine einzige der abservierten Leichen war in der langjährigen Berufslaufbahn der Ratte jemals wiederaufgetaucht. Ein absoluter Rekord in puncto Präzision und Berufsethos in dem hart umkämpften Berufssektor.

Georg »Ratte« Königer war ziemlich stolz auf diesen Umstand. Er war in allen Lebenslagen Perfektionist. Wenn er etwas tat, dann am besten zweihundertprozentig. Im Beruf war die Perfektion eine gefragte Tugend, in seinem Leben in der echten Welt führte sie allerdings zu einem Freundeskreis mit bestenfalls homöopathischer Dichte.

Doch eigentlich legte die Ratte im normalen Leben keinen Wert auf zwischenmenschliche Verbindungen. Zwar war Königer verheiratet und lebte in einer teuren Wohngegend in München, aber seine Frau gab sich schon seit Jahren dem Alkoholismus hin. Das Leben mit einem krankhaft pingeligen, jähzornigen Mann war für sie weiß Gott kein Zuckerschlecken, aber die Scheidung wollte sie nicht einreichen. Ihr Mann war dagegen, und außerdem wurde sie für die Aufrechterhaltung der Ehe gut bezahlt. Er brauchte sie für seine gesellschaftliche Tarnung.

Offiziell war er Selbstständiger im Fachbereich Kanalreinigung. So stand es jedenfalls groß auf seinem grauen Toyota Kombi. Das Fahrzeug hatte er vor etlichen Jahren aus der Insolvenzmasse eines Betriebes ersteigert, dessen Besitzer er vorher umgebracht hatte. Der Firmenname und Slogan seines angeblichen Broterwerbes lautete: »Kanalratte – Inspektion, Reinigung«. Wie passend. Letztlich hatte das Auto als Namensgeber für sein Pseudonym in der Szene fungiert. In der Parallelwelt, dem Leben der nicht kriminellen Menschen, in dem er eigentlich nur zu Hause schlafen und die leeren Flaschen seiner Frau wegräumen musste, war er von Beruf also Experte in Sachen Kanalreinigung. Und so ganz gelogen war das ja auch nicht. Da er der größte Perfektionist vor dem Herrn war, hatte er sich zum Thema Kanäle und dem dazugehörigen fachlichen Umfeld alles Wissenswerte angelesen, was es dazu zu wissen gab. Geschichte, Materialien, Architektur und die neuesten Entwicklungen in dem Berufsfeld. Schon mehrfach hatte er Handwerksmessen oder Fortbildungsseminare für Ingenieure besucht, um auf dem Laufenden zu bleiben. Der Beruf faszinierte ihn tatsächlich. Als er von der monströsen mehrstöckigen Kanalunterwelt in New York gehört hatte, wäre er am liebsten sofort hingefahren, um sich die uralten Abwasserkanäle und unendlichen Leitungen des Dampfheizsystems anzuschauen. Vielleicht würde er das irgendwann nachholen, wenn er offiziell im Ruhestand war. Dann konnte er sich ausschließlich dem Kanalbau widmen. Und hätte er tatsächlich von heute auf morgen den Beruf des Kanalspezialisten ausüben müssen, er wäre todsicher einer der besten gewesen.

Doch Georg Königer war noch immer Auftragskiller. Als solcher wurde er eindeutig besser bezahlt als ein Kanalreiniger und musste keine deutsche Steuererklärung einreichen. Wann hatte man im Leben schon mal die Chance, zu den Besten einer Branche zu gehören? Die Spitzenposition hatte er sich hart erarbeitet. Durch Fleiß, Konsequenz und Skrupellosigkeit. Vor allem aber durch seine Perfektion. Er machte keine Fehler.

Er war perfekt – bis auf eine winzig kleine Unzulänglichkeit. Die Ratte wurde schnell jähzornig. Extrem jähzornig sogar. Georg Königer konnte bei einer Kleinigkeit das emotionale Gleichgewicht verlieren. Manchmal reichte ein böser Traum, ein tropfender Wasserhahn oder eine flapsige Bemerkung zur falschen Zeit, und die Ratte flippte aus. Zwei Mal schon hatte er sein Opfer einfach totgeschlagen, obwohl ihm eigentlich eine elegantere Lösung vorgeschwebt hatte. Aber diese Menschen waren einfach zu dumm und naiv gewesen und hatten damit seinen Intellekt beleidigt, seinen übergroßen Hang zum Vollkommenen, zur Perfektion. Und wenn er etwas hasste, dann waren es sinnlose Antworten auf präzise gestellte Fragen. Für ihn stellte sich das Leben als ein feingliedrig konstruiertes Uhrwerk dar, das bei richtiger Handhabung perfekt ablief. Würden sich alle Menschen perfekt verhalten, so bestünde dazu sogar die Möglichkeit, doch das war natürlich blanke Illusion. Die Unzulänglichkeiten der Masse, des Mobs, verhinderten dies tagtäglich. Wenn nicht einmal ein Briefträger einen Brief in den richtigen Briefkasten befördern konnte, sondern, dämlich wie er war, beim Nachbarn einwarf, so war das für Königer eigentlich schon ein berechtigter Grund, den Schwachkopf vom Leben in den Tod zu befördern. Bisher hatte er sich ob solcher Idioten noch immer zusammenreißen können, bei dem einen oder anderen beruflich bedingten Opfer war er hingegen nicht so zimperlich gewesen – hatte er auch nicht sein müssen – und hatte seinen Jähzorn ausgelebt. Doch auch das waren bis jetzt Einzelfälle gewesen.

Aber heute war ihm nach einem Massenmord, nach einem Blutrausch, einem Massaker. Dieser trübe Novembertag würde in seine persönlichen Annalen als der Tag der permanenten Katastrophen eingehen. Heute, am 11.11., noch dazu am Faschingsanfang, ging wirklich alles daneben, was danebengehen konnte.

Zuerst einmal hatte er verschlafen, weil sein Wecker nach Jahren der absoluten Zuverlässigkeit den Geist aufgeben musste. Ausgerechnet heute, wo er doch den wichtigsten und anspruchsvollsten Auftrag des ganzen Jahres auszuführen hatte. Als er ins Bad eilte, hatte er seine Frau komatös im eigenen Erbrochenen in der Küche liegen sehen. Und als der Krankenwagen die versoffene Kuh endlich abtransportiert hatte, konnte er seinen Autoschlüssel nicht finden. Nach minutenlangem hektischem Suchen hatte er schließlich eine Befürchtung, wo der Schlüssel sich befinden konnte. Ein kurzer Anruf in der Klinik bestätigte seinen Verdacht. Der Fahrzeugschlüssel war tatsächlich in der Handtasche seiner Frau, wahrscheinlich weil sie ihn, den Nörgler von Ehemann, wieder einmal sattgehabt hatte und mit dem Toyota Leine ziehen wollte. Doch wie schon so oft hatte sie vorher das Saufen angefangen. Nur wegen der blöden Schlampe hatte er sich ein Taxi rufen müssen, um sich seinen Autoschlüssel aus der Klinik abzuholen. Und hätte der geschwätzige Taxifahrer auch nur einen einzigen weiteren dummen Spruch abgelassen, so würde er jetzt auf dem Grund der Isar liegen, in Einzelteilen.

Die Ratte war hoffnungslos zu spät für ihren Auftrag. Sooft er nur konnte, trat Königer das Gaspedal bis zum Bodenblech durch, doch vor Ingolstadt stand er bereits im dritten Stau. Verdammt. Ausgerechnet dieser Auftrag konnte nur heute zu einem ganz bestimmten Zeitpunkt ausgeführt werden: während der Ehrung eines alten Industriellen von irgendeiner Autozuliefererfirma in Coburg, der sonst nie in der Öffentlichkeit zu sehen war, aber für diesen Event ausnahmsweise seine gesicherte Wohnung verlassen würde. Eine einmalige Chance. Alles war exakt und minutiös von Königer geplant worden, und dann das. Ein Tag der Katastrophen, der seine berufliche Reputation aufs Schlimmste beschädigen, wenn nicht gar zerstören konnte. Die Ratte würde einen Auftrag nicht ausführen können. Erst würde es niemand in der Szene glauben, aber dann, wenn die nicht zu widerlegende Wahrheit durchsickerte, würden sie ihn beseitigen. Die Gesetze in den Kreisen waren eindeutig und gnadenlos.

Aber noch war nichts verloren. An der nächsten Raststätte fuhr er ab und schlich über matschige Feldwege um den Stau herum. Durch das Seitenfenster erblickte er das Malheur. Ein

Rentnerehepaar aus Hassfurt hatte sich erfolglos als Geisterfahrer versucht und eine Vollsperrung in Richtung Nürnberg verursacht. Super. Aber wenigstens hatte er das Beste aus der Situation gemacht und fuhr im Altmühltal wieder auf die menschenleere Autobahn. Er lachte auf. Zwar hatte er auf den Feldwegen Zeit verloren, aber dafür jetzt eine autofreie Rennstrecke vor sich. Bis kurz vor Bamberg hatte er enorm viel Zeit gutgemacht, aber dann kündigte sich der nächste Schicksalsschlag an. Auf dem Seitenstreifen standen Polizeiwagen, deren Warnblinkanlagen hektisch pulsierten und deren Leuchttext auf den Polizeiautodächern ein grelles »Achtung, Stau!« verkündeten.

Sofort reagierte er und stellte sein Navigationssystem so ein, dass es Autobahnen mied. Das Navi setzte den Befehl sofort um und dirigierte ihn an der Ausfahrt Breitengüßbach-Nord auf die B 4 hinunter, die alte Landstraße nach Coburg. Hier kannte er sich wieder aus und seufzte erleichtert auf. Bis Coburg war es nur noch eine halbe Stunde, er würde es schaffen. Da war sogar noch ein kurzer Stopp drin, um etwas zu essen und einen Kaffee zu trinken.

Er hatte Hunger, großen Hunger, und wenn sich die Ratte im Zustand des Unterzuckers befand, war sie nicht mehr berechenbar. Aber derartige Vernachlässigungen des Stoffwechsels konnte man ja flugs beheben. An der ersten Kreuzung der nächsten Ortschaft Rattelsdorf erblickte er ein Schild mit der Aufschrift »Netto« und einen nach rechts zeigenden Pfeil. Na also, jetzt würde er sich erst einmal einen Kaffee gönnen, solche Läden hatten ja meist in der Nähe einen Bäcker, und im Discounter eine Tüte Nüsse erstehen. Nüsse waren die ideale Nervennahrung. Fleisch aß er äußerst selten und vor einem Auftrag sowieso nicht. Das lag nur schwer im Magen. Fleisch und Wurstwaren gönnte sich Königer bestenfalls nach Feierabend und nur in Maßen. Als der Toyota auf dem Parkplatz zum Stehen kam, fiel Königer auf, dass Handwerker eine Leuchtreklame vom Dach abmontierten. Was war denn hier los?, überlegte er genervt. Aber aus dem Haupteingang kamen Kunden mit gefüllten Tüten, also würde er alles bekommen, was er brauchte.

Als er die Hand auf den Griff des Haupteinganges legte, um

die Tür zu öffnen, wurde diese ruckartig von innen aufgestoßen, und der Aluminiumrahmen der Discounterpforte knallte unsanft gegen die Nase des Profikillers. Georg Königer spürte den kurzen, heftigen Schmerz und hörte das leise Knacken, als sein Nasenbein brach, dann lief ihm auch schon das Blut aus seinem Riechorgan und über das dunkelgraue Hemd. Hektisch fummelte er nach einem Papiertaschentuch, während er zurücktaumelte.

»Bass hald auf, Mensch!«, rüffelte ihn ein Bauarbeiter im Blaumann, der mit einer Brötchentüte unter dem Arm an ihm vorbeieilte. Georg Königer war versucht, nach der geladenen Glock aus österreichischer Produktion zu greifen und diesen Schwachkopf gleich hier auf dem Parkplatz umzunieten. Aber das Stillen des Nasenblutens nahm ihn so in Anspruch, dass der Impuls wieder nachließ. Flugs bastelte er kleine Kügelchen aus einem Papiertaschentuch und stopfte sie sich in die Nase. Die Blutung hörte auf. Er blickte an sich hinunter. Sein Hemd war versaut, aber das konnte er gleich im Auto wechseln.

Er befühlte die leicht geschwollene Nase, stieß dann aber entschlossen die Eingangstür zum Supermarkt auf. Er wollte jetzt endlich seine Nüsse haben. Dann stoppte er abrupt.

Georg »Unterzucker« Königer stand vor einem schmutzig grauen Rolltor, das von der Decke bis zum Boden reichte. Links von ihm ragten abgetrennte Kabel aus dem Boden, nur rechts von ihm pulsierte das fränkische Landleben an einer Fleischtheke. Fleisch? Was sollte der Scheiß? Wo war der Netto, wo sein Kaffee und wo seine Nüsse? Hier gab es nur tierisches Protein mit unterschiedlich penetranten Fettbeimengungen. Das durfte ja wohl nicht wahr sein! Er schaute auf seine Uhr. Allzu viel Zeit durfte er nicht mehr verschwenden, und er musste jetzt sofort etwas essen. Da half nur gesunde Großstadtmentalität. Er fuhr seine Ellenbogen aus und drängte sich durch die protestierenden Warteschlangen nach vorn.

»Entschuldigen Sie«, sprach er ruhig, aber bestimmt eine der Wurstfachverkäuferinnen an, die gerade hinter der Theke einen dampfenden Leberkäse aus der Aluminiumform kippte. »Entschuldigung, warum ist der Supermarkt geschlossen?«

Die Verkäuferin beachtete ihn nicht, aber stattdessen meldete sich eine ältere Frau neben ihm zu Wort, die belehrend den knochigen Finger hob, während sie ihn mit vorwurfsvollem Tonfall ankrächzte. »Der Neddo had heud zu, junger Mann. Die ziehn um, über die Straß nüber Richtung Abich. In zwaa Stunn macht der neue auf. Aber bis dahie hasd Bech kabt. Und etzerd geh auf die Seidn, ich war zuerschd da!« Beharrlich versuchte die alte Dame unter dem Beifall der Umstehenden den hageren, mittelgroßen Mann wieder ans Schlangenende zu schieben.

Der Ratte kochte das Adrenalin. Die freie Fahrt auf der Autobahn war wohl nur ein kurzer Platz an der Sonne gewesen, jetzt war der Tag in sein ursprüngliches desaströses Fahrwasser zurückgekehrt. Er hatte keine Zeit mehr, und es gab weder Kaffee noch Nüsse. Verdammt, dann musste er eben nehmen, was er kriegen konnte. Hauptsache, dieser Alptraum hatte bald ein Ende.

Er stieß die Alte unsanft in ihre Schlange zurück und belferte unter den feindseligen Blicken der umstehenden Kundschaft im harschen Befehlston über die Theke: »Hören Sie, geben Sie mir zwei belegte Brötchen. Und zwar schnell, ich hab's eilig.« Er spürte, wie die Nasenpropfen langsam zu tropfen begannen. Die Aufnahmekapazität der Papierkügelchen schien erschöpft zu sein.

Die dralle Wurstfachverkäuferin hinter der Theke hatte ihren Leberkäse im Wärmefach verstaut, bevor sie sich nun umständlich zu Georg Königer umdrehte. Ihr Gesicht strahlte eine maskenhafte, angelernte, träge Freundlichkeit aus, die seine Hormone sogleich noch mehr in Schwung brachten.

»Gern, wie viel denn? Hunnerd Gramm auf jedes Brödla?«, fragte sie mechanisch freundlich.

»Ja, von mir aus, Hauptsache, es geht schnell«, giftete er zurück.

Die Verkäuferin blieb ungerührt und fuhr in ihrem geschäftigen Singsang fort: »Bierschinken wär im Angebod, soll ich den nehma?«

»Ich sagte doch schon, es ist mir egal!« Die Ratte wurde laut und richtete ihren Killerblick mit unmissverständlicher Drohung auf die Nasenwurzel der Verkäuferin.

Diese zuckte resigniert mit den Schultern und bastelte in unendlicher Langsamkeit die Brötchen zusammen, die sie mangels genauer Anweisung mit rotem Presssack belegte. Königer bemerkte dies mit großem Missfallen, sagte aber nichts, weil der Einwand sowieso nur wieder zu einer Zeitverzögerung geführt hätte.

»Döff's sonst noch was sein? Die Schälrippla sin fei a legger. Oder an Leberkäs? Der is fei gud, wenn mer nervös is«, sagte die Verkäuferin im nettesten Tonfall.

»Ja, des stimmd«, mischte sich die alte Frau wieder in das Gespräch ein. »Die Schälrippla sin wirklich gud. Nehma Sie die ruhich, Sie ham a langa Seidn.«

Die Ratte zitterte am ganzen Körper. Der innerliche Vulkan stand kurz vor einer Explosion. Georg Königer beherrschte sich nur noch mühsam.

»Die Brötchen, sofort! Was macht das?«, zischte er zwischen zusammengebissenen Zähnen mühsam beherrscht hervor, während er nach seiner Geldbörse griff.

Die Verkäuferin legte die Brötchen auf die Theke und druckte umständlich einen Kassenbon aus. »Zwei fünfzig«, verkündete sie ihm höflich, während Königer ihr eilig einen Fünfzig-Euro-Schein entgegenstreckte. »Oh, da kann ich Ihnen ned rausgeben«, sagte die Metzgereifachverkäuferin bedauernd. »Der Schein is zu groß, so viel Glaageld hab ich ned.«

»Was?«, presste die Ratte hervor, während ihre Augen aus den Höhlen zu quellen drohten.

»Da müssen Sie warten, bis die Schlange da bezahlt hat. Dauerd hald a weng.« Sie überlegte kurz, dann fuhr sie fort: »Höchstens, Sie nehma noch zwa Pfund vo dera Schälrippla da, dann könnt's langa.« Triumphierend blickte sie ihn ob ihres genialen Einfalls bezüglich des akuten Geldwechselproblems an. »Also, was is?«, fragte sie.

Das war's. Das Fass war bereits so randvoll gewesen, dass der kleinste denkbare Tropfen genügt hätte, um eine Überschwemmung zu verursachen. Aber diese Fleisch- und Wurstfachverkäuferin hatte in ihrer Unkenntnis der hormonellen Notlage ihres Gegenübers einen ganzen Eimer in das übervolle Fass geleert.

Mit einer schnellen und eleganten Bewegung zog die Ratte die Glock aus dem Halfter und drückte mit einem erleichterten Stöhnen ab. Der Kopf der Metzgereiangestellten wurde nach hinten geschleudert, Blut spritzte an die gefliese Rückwand. Ihre Kollegin, die während der letzten Minuten auf der anderen Seite weiterhin bedient hatte, drehte sich erschrocken um.

»Was is denn jetzt los, Herrschaftszeiten!«, rief sie entrüstet. »Was machen Sie denn da? Mir ham Stoßzeit, und etzerd muss ich den ganzen Dreck da wegbutzen. Also wirglich.« Sie stieg über die am Boden liegende Kollegin, der ein Drittel des Hinterkopfes fehlte, und griff nach dem Putzeimer. Unter halblautem Gejammer begann sie die Fliesen zu reinigen. Die Ratte brauchte eine Sekunde, um die Szenerie zu verinnerlichen, dann schoss sie der am Boden knienden, putzenden Verkäuferin gezielt zwei Mal in den Hinterkopf. Der Putzteufel kippte nach vorn, und eine rötliche Wasser-Blut-Mischung verteilte sich auf dem Boden, während sich Georg Königer verzweifelt nach seinen belegten Broten hinter der Verkaufstheke streckte.

Ein großer, bärtiger Mann schaute ihn von der Seite bedauernd an. »Hörn Sie, ich kann Sie ja verstehn. Ich hädd an Ihrer Stelle vielleicht aach so reagierd. Aber so wird's fei ned schneller, bloß noch langsamer«, sagte er lakonisch und legte ihm mit bedauerndem Blick seine Hand auf die Schulter.

Georg Königer reagierte sofort und instinktiv. Seine linke Faust fuhr nach oben und schlug dem Mann den Kehlkopf nach innen. Röchelnd sank dieser zu Boden.

Im selben Augenblick kam der Chef der Metzgerei Bernhard Fuchs aus dem angeschlossenen Kühlraum. Nachdenklich stirnrunzelnd betrachtete er seine beiden am Boden liegenden Verkäuferinnen. Nach nur einem kurzen Moment stieg er über die beiden Leichen hinweg. »Wer is denn der Nächste?«, fragte er freundlich.

»Ich«, meldete sich eine kleine schwarzhaarige Frau und trippelte umständlich um den Mann herum, der ihr im Weg lag.

»Und was darf's denn sein, Frau Häfner?« Weiter kam er in seinen Verkaufsverhandlungen nicht, denn die Ratte schoss ihm zwei Mal in die Brust, und der Metzgermeister kippte mit erstauntem Gesichtsausdruck zur Seite.

»Also, so geht des fei ned«, ertönte die leicht genervte Stimme von Peter Michel. Er war der Besitzer der Waschanlage nebenan und schaute prüfend auf seine Uhr. Sein Zeitplan für diesen Tag geriet langsam, aber sicher aus den Fugen. »Hörn Sie, mir wolla langsam amal alle unner Brodzeit. Und wenn Sie weider dauernd Bedienunga abgnallen, stehn mir hier noch ewich. Jetzt sein Sie hald vernünftig und nehma die Scheiß-Schälrippla endlich«, beendete Michel seine spontane Rede. Sogleich war unter den umstehenden Rattelsdorfern zustimmendes Gemurmel zu hören.

Die Ratte hatte inzwischen das Magazin der Glock gewechselt und durchgeladen. Mit irrlichterndem Blick hob Georg Königer die Waffe und richtete sie auf die vor ihm stehende Menge, die ihn unbeeindruckt abwartend ansah …

Georg Königer wachte schreiend auf. Der Schweiß rann ihm in Bächen den Körper hinunter. Verwirrt blickte er auf seinen Wecker. Verdammt, das Ding war stehen geblieben, dabei hatte es doch so lange zuverlässig seinen Dienst verrichtet. Seine schweißfeuchte Hand griff nach der Armbanduhr, die er auf dem Nachttisch abgelegt hatte. Er erschrak. Er hatte verschlafen! Hektisch schlüpfte er in seine Hose und wollte sich auf den Weg ins Bad machen, als er aus dem Augenwinkel seine Frau in der Küche liegen sah. Sie atmete schwer, ihr Kopf lag in ihrem eigenen Erbrochenen auf der Platte des Esszimmertisches. In der Küche stank es penetrant nach Alkohol. Einen kurzen Moment lang blieb Königer reglos in der Küchentür stehen und ließ das Déjà-vu-Erlebnis auf sich wirken. Einer plötzlichen Eingebung folgend eilte er zur Handtasche seiner Frau, die auf dem Küchenfenster lag. Er musste nicht lange suchen, dann hatte er den Zündschlüssel seines Toyota gefunden. Das Blut in seinem Körper sackte Richtung Erdmittelpunkt.

Er ging ins Schlafzimmer zurück und setzte sich auf die Bett-kante. Mehrere Sekunden lang vergrub er seinen Kopf in den Händen, traf dann aber eine Entscheidung. Er wählte eine Num-mer auf seinem Handy.

»Hier ist die Ratte. Ich lehne den Auftrag ab. Das Geld wird zurücküberwiesen. Ich bin raus, für immer.«

Ohne eine Antwort abzuwarten, ging er zurück in die Kü-che und fühlte nach dem Puls seiner Frau. Doch es gab nichts mehr, was er hätte fühlen können. Diesmal war es zu viel Alko-hol gewesen.

Als er sich setzte, überkam ihn eine Welle der Erleichterung. Er würde jetzt die Polizei rufen und den geschockten Witwer mi-men. Dann würde es ein paar Formalien wegen der Bestattung und des Hausverkaufes zu erledigen geben, aber ein Haus in München war man ja binnen Wochenfrist los. Überhaupt kein Problem.

Ein leises Lächeln stahl sich in sein Gesicht. Er begann sich bereits auf New York zu freuen.

Es soll Frauen geben, die klüger sind als Männer.
Aber davon wird die Küche auch nicht sauber.
Jerry Lewis

Geschäftstüchtig

Otmar Schuster überlegte nicht lang. Der Moment war günstig. Die Überfahrt nach England fand bei außergewöhnlich rauer See statt, also würde niemand Verdacht schöpfen. Außer ihm und seiner unter Seekrankheit leidenden Frau war im Moment kein Mensch an Deck.

Von Anfang an hatte er sich gegen diesen Urlaub gesträubt. Er war Sohn eines Landwirtes, hatte gelernt, von den kärglichen Einkünften einer Landwirtschaft zu leben. Es musste gearbeitet und gespart werden, an Urlaub hatte er sein Lebtag noch keinen Gedanken verschwendet. Viel zu teuer war so etwas, regelrecht hinausgeschmissenes Geld. Die Idee mit dieser Fahrt nach England war demnach auch eine absurde Idee seiner Frau gewesen.

Überhaupt war seine Frau auch so ein Kostenfaktor, der das Leben auf dem Land sinnlos verteuerte, aber der Moment war gekommen, die laufenden Lebenshaltungskosten drastisch zu reduzieren.

Als die Fähre sich das nächste Mal in den Wellenbergen aufbäumte, gab er seiner verängstigten Frau den entscheidenden Stoß. Ein erstickter Schrei ertönte, dann war sie auch schon im tobenden Atlantik verschwunden. Eine Stunde später meldete er seine Frau bei der Reiseleitung als vermisst und fuhr äußerst zufrieden zurück ins heimische Pottenstein.

Vier Wochen später erhielt er ein Fax von der französischen Polizei.

»Sehr geehrter Herr Schuster,
wir haben leider eine traurige Nachricht für Sie. Der Leichnam Ihrer Frau wurde in unserem département am Fuße der bretonischen Steilküste gefunden. Wir konnten sie nur schwer identifizieren, die Leiche war vollständig mit Muscheln und Krebsen bedeckt.
Wir erbitten Anweisungen hinsichtlich weiteren Vorgehens.
Mit freundlichem Gruß
Gendarmerie *Les Pornic/Bretagne«*

Otmar Schuster überlegte. Als Pottensteiner war er mit einem gesunden Verhältnis zur Sparsamkeit aufgewachsen. Der Tod seiner Frau hatte ihn bei seinem Bestreben, die laufenden Kosten zu verringern, zwar erheblich weitergebracht, aber das Bessere war des Guten Feind. Er hatte gelernt, nichts zu verschwenden, bei ihm wurde nichts weggeworfen. Daheim, so hatte er als Franke gelernt, daheim wurde gegessen, was auf den Tisch kam, und Reste wurden gefälligst so lange wiederverwertet, bis sie letztendlich doch verzehrt waren. Die heutige Wegwerfgesellschaft war ihm ein Gräuel.

In diesem Sinne musste jetzt gehandelt werden. Er drehte sich um, verfasste flugs einen kurzen Text, und wenige Minuten später spuckte das Faxgerät in der Gendarmerie Les Pornic eine Nachricht aus.

Jean Lemans, der Diensthabende, war zwar der deutschen Sprache mächtig, konnte aber trotzdem nicht glauben, was er da auf dem Fax aus Franken las.

»Sehr geehrte französische Polizei,
ich möchte Sie bitten, die Muscheln und Krebse zu ortsüblichen Preisen auf dem Markt zu verkaufen. Außerdem, wenn es nicht zu viele Umstände macht, möchte ich Sie bitten, den Köder wieder auszuwerfen.
Mit freundlichem Gruß
Otmar Schuster/Witwer«

Eine Frau kann mit neunzehn entzückend,
mit neunundzwanzig hinreißend sein.
Aber erst mit neununddreißig
ist sie absolut unwiderstehlich.
Und älter als neununddreißig wird keine Frau,
die einmal unwiderstehlich war.
Coco Chanel

Schulbeginn

Ein Lehrer in der Mörderschule
hatte die besonders coole
Klasse mit Elan
in diesem neuen Jahr erwischt.
Drum er in seinen Lehrplan mischt
spontan
die ganz besonders schwere Frage,
wie man dicke Frauen erschlage.

Das ist nicht leicht, so trägt er vor,
und jeder Schüler spitzt das Ohr
nach Fragen,
zu bohren dieses dicke Brett,
denn solche Damen sind meist fett
und tragen,
um das zu kaschieren,
weite Kleider um die Nieren.

Abgeschmettert werden Pläne,
ob man solche schweren Schwäne
nicht
erdolchen kann mit den langen Klingen
oder Kalibern, die durchdringen
schlicht
und einfach die als Ziel erkannten
Häute solcher Elefanten.

Von Vorteil ist, erklärt er breit,
die langsame Geschwindigkeit
der Masse.
So könne man als schneller Klopfer,
wenn man denn das schwere Opfer
fasse,

erreichen das Haupt, des Hirnes Bett,
denn dort gibt's nicht der Mengen Fett.

Die Klasse nickt, und jeder schwärmt,
heute haben wir was gelernt.
Und
so gibt denn der Lehrer preis:
»Morgen schreibt, auf mein Geheiß, rund
die Hälfte dieser Klasse
eine Klausur zur schweren Masse.

Die andren machen morgen früh
ein Praktikum, sonst lernt ihr nie
von der Gefahr
und Vorsicht, die man solch Umfängen schuldet,
wenn dem, der nie so was umrundet,
nicht klar,
dass auf durch den Bauch verlängerten Wegen
oft Störungen drohn im Mordbestreben.

Da steht man dann mit leerem Tank
neben diesem weiblichen Schrank
und hofft,
mit Witzen über dicke Frauen
die Drohkulisse abzubauen.
Doch führt
dies in den meisten Fällen
zum eignen Tod – und zwar zum schnellen.«

Frauen, die lange ein Auge zudrücken,
tun es am Ende nur noch zum Zielen.
Humphrey Bogart

Die Pubertäterin

Arsen ist ein chemisches Element mit dem Elementsymbol As und
der Ordnungszahl 33. Im Periodensystem der Elemente steht es in
der 4. Periode sowie der 5. Hauptgruppe (Gruppe 15) oder Stick-
stoffgruppe. Arsen kommt selten gediegen, meistens in Form von
Sulfiden vor. Es gehört zu den Halbmetallen, da es je nach Modi-
fikation metallische oder nichtmetallische Eigenschaften zeigt.
   Arsenverbindungen kennt man schon seit dem Altertum. Ob-
wohl sie hochgradig giftig sind, finden sie Verwendung als Bestand-
teil einzelner Arzneimittel.
(Wikipedia)

Sie legte die OP-Maske ab und wusch sich die Hände. Die Operation war ganz nach Plan verlaufen, heute lag sie genau in ihrem Zeitplan. Das war wichtig, zumindest wichtiger als bei ihren männlichen Kollegen. Als Chirurgin war man immer noch
ein Eindringling in einer typischen Männerdomäne, da konnte
sie sich alles erlauben, nur keinen Kunstfehler. Aber das würde
sie schon schaffen. War man Chirurg, war man zumeist von
Haus aus mit einer gewissen Kaltblütigkeit gesegnet – und wenn
nicht, dann musste man sie eben lernen. Nicht umsonst wurden
über Chirurgen die deftigsten Witze gerissen. Ähnlich verrufen
waren nur noch die Anästhesisten, allerdings aus ganz anderen
Gründen. Sie standen während einer Operation nur faul in der
Gegend herum und schauten gelangweilt zu, wie ihr Halothan
wirkte. Wegen diesem und ähnlicher Narkosemittel waren sie
in Kollegenkreisen nur als »Gasmänner« bekannt. Sie jedenfalls
konnte Anästhesisten nicht ausstehen. Das waren auch die ersten, die einem nach dem Slip trachteten. Wie auch immer!
   Sie verscheuchte die Animositäten aus ihrem Kopf und schaute auf den OP-Plan. Was war denn als Nächstes dran? Aha, eine
Frau ihres Alters mit Verdacht auf Eileiterverstopfung. Wieder
so eine, die unbedingt schwanger werden wollte. Aber das war
ein routinemäßiger Eingriff, einfach und problemlos, dabei sollte es zu keinerlei ... Ihr Blick fiel auf den Namen der Patientin –

und sie erstarrte. Alles Blut wich aus ihrem Kopf, und sie musste sich am Türrahmen festhalten. Ohne hinzuschauen, fingerte
sie nach dem grauen Plastikstuhl mit dem Eisenrohrkorpus, auf
dem sitzend sie immer ihre Berichte schrieb, und ließ sich umgehend auf ihn fallen. Das Klemmbrett rutschte ihr aus den zitternden Händen und klapperte tanzend vor ihren Augen auf der
weißen Resopalfläche umher. Als sie noch einmal auf den Namen der Patientin blickte, begann eine kalte Wut in ihr hochzu-
kriechen.

*Der Name Arsen geht unmittelbar auf das griechische arsenikón
zurück, die Bezeichnung des Arsenminerals Auripigment. Sie findet sich schon bei Dioskurides im 1. Jahrhundert. Die griechische
Bezeichnung scheint ihrerseits ihren Ursprung im Mittelpersischen
al-zarnik (goldfarben) zu haben und gelangte wohl durch semiti-
sche Vermittlung ins Griechische. [...] Erst seit dem 19. Jahrhundert ist die Bezeichnung Arsen gebräuchlich. Das Elementsymbol
wurde 1814 von Jöns Jakob Berzelius vorgeschlagen.*
    *Der erste Kontakt von Menschen mit Arsen lässt sich aus dem
3. Jahrtausend v. Chr. nachweisen – in den Haaren der im Glet-
schereis erhaltenen Mumie eines volkstümlich Ötzi genannten
Alpenbewohners ließen sich größere Mengen Arsen nachweisen,
was archäologisch als Hinweis darauf gedeutet wird, dass der betroffene Mann in der Kupferverarbeitung tätig war – Kupfererze
sind oft mit Arsen verunreinigt.*
(Wikipedia)

Ihre Augen strahlten sie aus dem Rückspiegel des R4 an. Der
Renault gehörte eigentlich ihrem Bruder, aber sie schaffte es
mittlerweile oft, Paul zu Fahrtzielen zu überreden, zu denen er
ursprünglich gar nicht zugestimmt hatte. Das Auto selbst musste im Laufe der Zeit den Eindruck gewonnen haben, sie hätte
ihren Bruder als Eigentümer abgelöst. Allerdings hatte Paul heute nicht gerade ein Opfer bringen müssen, als er mit ihr zum
Tanz nach Unterpreppach gefahren war. Es waren etliche Kumpel von ihm dort gewesen, die für seine persönliche Kurzweil gesorgt hatten. Sie selbst hatte das nur am Rande mitbekommen,

es war ihr letztendlich auch egal, genauso wie das restliche Leben ihres Bruders.

Sie hatte aus ganz anderen Gründen nach Unterpreppach fahren wollen. Nicht wegen der Gaudi, wegen drohender Langeweile oder irgendwelcher Freundinnen, nein, sondern wegen Florian, der großen Liebe ihres jungen, erst achtzehnjährigen Lebens. Florian hatte heute Morgen während des Englischunterrichtes kurz fallen lassen, am Abend ins »Kaisers« zu gehen, weil die Black Spiders spielten. Die kannte zwar keine Sau – und sie erst recht nicht –, aber wenn Florian dort war, hätte auch Gary Glitter spielen können, sie wäre trotzdem hingegangen. Bot sich die Gelegenheit, Florian zu sehen, sich mit ihm zu unterhalten und seine Nähe zu spüren, so konnte ihr das schlimmste Gedudel die Trommelfelle zerfressen, sie würde es nicht merken. Florian war alles, was sie wollte, und es sah stark danach aus, dass sie ihn bekam. Vor einer halben Stunde, als sie noch im »Kaisers« gewesen waren, hatte Florian beschlossen, mit ihr morgen auf den Abschlussball der Schule zu gehen. Mit ihr, Andrea Göller. Ganz allein.

Die Neuigkeit hatte sie umgehend ihrer besten Freundin und Banknachbarin in der Wirtschaftsschule erzählen müssen. Bianca hatte das Recht, es als Allererste zu erfahren. Außerdem sollte sie, als Tochter eines Friseursalons, ihr morgen unbedingt die Haare frisieren. Das war extrem wichtig, denn es gab drei Dinge, die für einen Abschlussball von entscheidender Bedeutung waren: Frisur, Make-up und Kleid. Alles andere waren sekundäre Belanglosigkeiten. Der erste Eindruck war entscheidend, und dieser musste Florian umhauen, erschlagen, vernichten. Er durfte keine anderen Bedürfnisse mehr empfinden als das, sie anschauen zu wollen.

Bianca stand an der Theke und unterhielt sich mit Florians Freund Robert. Mit energischem Griff zog Andrea ihre protestierende Freundin rabiat von Roberts Seite und verfrachtete sie hektisch in den Nebenraum, dessen Halbdunkel eigentlich von den Verliebten des Abends genutzt wurde, um sich den begehrlichen Berührungen des Gegenübers hinzugeben.

Bianca protestierte heftig. So entschlossen kannte sie ihre

Freundin überhaupt nicht. Normalerweise war sie es, die bestimmte, wo es langging, und Andrea stellte sich hinten an, während Bianca alles organisierte und Entscheidungen traf. Auch durfte Bianca regelmäßig bei Andrea abschreiben, beziehungsweise Andrea machte ihre Aufgaben gleich ganz für sie. Ohne ihre clevere Freundin hätte Bianca das Abitur des Jahrganges 1984 niemals in der Tasche gehabt. Andererseits, wenn Andrea ihr nicht geholfen hätte, hätte es jemand anders getan. Bianca Hümmer bekam immer, was sie wollte. Besonders von den Jungs, da fackelte sie nicht lange.

Andrea dagegen war ein richtiges Mauerblümchen. Obwohl sie keine bemerkenswerte Schönheit war, konnte sie doch als hübsch durchgehen. Und trotzdem musste man sie zum Jagen tragen, was die Jungs anbetraf. Vielleicht wartete sie ja immer noch auf den einen und wollte erst dann zum ganz großen Schlag ausholen. Wie auch immer, dass Andrea sie jetzt dermaßen rigide mit sich geschleppt hatte, bedeutete für Bianca nur eines: Ihre Freundin war fündig geworden.

»Morgen ist doch der Abschlussball«, flüsterte Andrea hektisch Bianca ins Ohr.

»Und? Ich dachte, du wolltest da gar nicht hin, weil du allein keine Lust hast«, antwortete Bianca gelangweilt, während ihre Augen im Halbdunkel die Ecken des Raumes nach bekannten Gesichtern absuchten.

»Aber jetzt geh ich mit jemandem hin, und für den brauch ich von dir die verdammt noch mal umwerfendste Frisur, die du jemals gemacht hast. Du wirst nicht glauben, für wen!« Andreas Augen leuchteten wie ihre weiße paillettenbesetzte Jacke mit Schulterpolstern im Schwarzlicht.

Ihre Freundin hob erstaunt die Augenbrauen. »Schon gut, du kriegst deine Frisur ja.« Bianca lächelte und schaute Andrea dann prüfend an. »Also war die endlose Jagd doch noch erfolgreich, und einer ist dir ins Netz gegangen? Jetzt sag schon, wer ist denn der Glückliche? Ehrlich gesagt wusste ich ja gar nicht, dass du jemanden in die engere Wahl gezogen hattest. Seiner besten Freundin hätte man so etwas doch schon früher erzählen können, oder nicht?«

»Jetzt sei nicht so«, lachte Andrea Göller. »Ich bin halt nicht wie du. Es gibt Dinge, die behalte ich für mich. Nur für mich!« Sie grinste so breit, dass auch Bianca zu lachen anfing.

»Also, wer ist es? Jetzt kannst du es mir ja sagen.«

Andrea Göller zog den Kopf ihrer Freundin zu sich heran und flüsterte leise: »Florian.« Dann ließ sie den Kopf los und seufzte in deren fassungsloses Gesicht. »Der Wahnsinn, oder? Aber jetzt geh ich erst mal aufs Klo, ich bin ja so aufgeregt!«

Damit verschwand sie Richtung Toiletten und ließ eine völlig verdatterte Freundin zurück. Wilde Fragen zuckten durch deren geschockten Geist. Florian? *Der* Florian? Aber Florian gehörte doch ihr? Sie hatte ihre Zukunft schon mit ihm geplant, sogar mehrfach mit ihm geschlafen. Und jetzt sollten plötzlich Florian und Andrea …? Das konnte nicht sein, das durfte nicht sein!

Ihre dunkelrot lackierten Fingernägel bohrten sich gnadenlos in den alten Putz der Wand. Niemals! Florian gehörte ihr, und was ihr gehörte, hatte sie noch nie wieder hergegeben. Es durfte einfach nicht sein …

Als Andrea kurz darauf mit ihrem Bruder im R4 nach Hause fuhr, war sie überzeugt, dass es in dem Moment kein glücklicheres Mädchen in ihrem Abiturjahrgang gab.

Zu dieser Zeit wurde es in Form von Kupferarsenaten auch in Farbstoffen wie dem Pariser Grün eingesetzt, mit denen Tapeten bedruckt wurden. Bei hoher Feuchtigkeit wurden diese Pigmente durch Schimmelpilzbefall in giftige flüchtige Arsenverbindungen umgewandelt, die nicht selten zu chronischen Arsenvergiftungen führten. Der frühzeitige Tod des französischen Kaisers Napoléon Bonaparte im Exil auf St. Helena ist wahrscheinlich aber nicht auf eine Vergiftung mit dem aus den Tapeten freigesetzten Arsen zurückzuführen, sondern auf Magenkrebs. […]

Im Jahre 1900 kam es im britischen Manchester zu einer Massenvergiftung, von der mehrere Tausend Menschen betroffen waren. Wie sich herausstellte, hatten alle Bier derselben Brauerei getrunken. In Vorstufen der Bierproduktion wurde anscheinend Schwefelsäure eingesetzt, die ihrerseits aus Schwe-

fel hergestellt wurde, der aus mit Arsenopyrit kontaminierten Sulfidmineralen stammte. Etwa 70 Menschen erlagen ihren Vergiftungen.

Doch auch in Kriegen fand Arsen Verwendung: Im Ersten Weltkrieg wurden Arsenverbindungen in chemischen Kampfstoffen wie Blaukreuz oder Lewisit eingesetzt; bei den betroffenen Opfern bewirkten sie durch Angriff auf Haut und Lungen grausame Schmerzen und schwerste körperliche Schädigungen.

(Wikipedia)

Als sie sich wieder einigermaßen gefangen hatte, schossen ihr die wildesten Gedanken kreuz und quer durch den Kopf. Bevor sie diese jedoch sortieren konnte, trat die OP-Schwester zu ihr und schaute sie besorgt an.

»Alles in Ordnung mit unserer tapferen Chirurgin?«, fragte sie mit einem unsicheren Ton in der Stimme. Als OP-Schwester war sie es gewohnt, ab und zu die Psychokrücke zu geben. Und unter Frauen war das ja sowieso selbstverständlich. Chirurginnen gab's ja nun wirklich nicht wie Sand am Meer.

»Alles okay, ich komm schon klar.« Andrea Göller streckte sich und setzte einen entschlossenen Blick auf. »Kannst gleich die nächste Patientin reinschieben. Ist ein Eileiter, nichts Großes. Das schaff ich im Halbschlaf. Und sag unserem Gasmann, er soll die Gute schon mal ins Reich der Träume befördern. Ich geh nur noch mal schnell auf die Toilette.« Mit einem schiefen Lächeln auf den Lippen verschwand Andrea Göller aus der Desinfektion.

»Also, wie willst du denn deine Haare haben?«, fragte Bianca ihre Freundin, die vor ihr im Friseurstuhl saß und ein leichtes Plastiktuch um die Schultern trug.

Die Münchener Freiheit war gerade im Radio mit einem ihrer Popsongs zugange, und Andrea Göller begann sich innerlich bereits auf den in vier Stunden beginnenden Schulball vorzubereiten. Für das Äußerliche war zum Glück Bianca zuständig. Die war in dem Bereich begabter.

»Ach, ich verlass mich da voll auf dich, Bianca. Du bist schließlich die Friseusen-Tochter, nicht ich. Mein Aussehen muss Florian einfach umhauen, wenn er mich nachher sieht.«

Ein dunkler Zug legte sich um Bianca Hümmers Lippen. Sie lächelte falsch und streckte sich in ihren hautengen schwarzen Lederklamotten.

»Umhauen, genau. Das kriegen wir schon hin. Ich kann dir versichern, Andrea, ihr beide werdet noch sehr lange an diesen Abend zurückdenken. Was heißt hier, nur ihr beide, nein, die ganze Schule wird noch lange von dem Abschlussball sprechen.«

Andrea Göller lachte auf und strahlte ihre Freundin an. Sie war gespannt, was Bianca ihr da auf den Kopf zaubern würde. Sie schloss die Augen, während ihre Freundin eine Flüssigkeit langsam und sanft in ihre Kopfhaut einmassierte. Andrea genoss das Gefühl und die Entspannung, die sich einstellte, während aus dem Radio in der Frisierstube Kim Wilde ihren neuesten Song trällerte.

Arsen kommt praktisch überall im Boden in geringen Konzentrationen von bis zu zehn ppm vor. Es ist in der Erdkruste ungefähr so häufig wie Uran oder Germanium. In der kontinentalen Erdkruste kommt Arsen mit durchschnittlich 1,7 ppm vor, wobei es durch seinen lithophilen Charakter in der oberen Kruste angereichert ist; damit liegt Arsen in der Tabelle der häufigsten Elemente an 53. Stelle.
(Wikipedia)

Als Andrea Göller den Operationssaal betrat, war die Patientin bereits vom Anästhesisten instruiert worden, der ihr gerade die Inhalationsmaske für das Betäubungsgas anlegte. Sie nickte ihrem Gasmann zu, der daraufhin ein kleines Ventil öffnete. Als Andrea Göller an den OP-Tisch trat, war ein leises Zischen zu hören. Ihre Hände steckten in grünen Latexhandschuhen, ihre Nasen- und Mundpartie wurde von einer ebenfalls grünen Operationsmaske verborgen.

Sie blickte in das Gesicht ihrer Patientin und erkannte Bianca sofort, obwohl ihre ehemalige Freundin gewaltig zugenommen und auch etliche Falten mehr bekommen hatte. Trotzdem handelte es sich um Bianca, kein Zweifel.

In ihr regten sich wilde Gefühle, aber sie war fest entschlossen, sich diese nicht anmerken zu lassen. Sie beugte sich leicht nach vorn und schaute ihrer Schulkameradin tief in die Augen. Einen kurzen Moment lang war ein kurzes Aufleuchten, ein Erkennen im Blick der Patientin zu sehen, dann schlossen sich ihre Lider.

Der Anästhesist nickte seiner Chirurgin zu. »Auf geht's, Frau Doktor, Patienten entrümpeln!«, kicherte er hinter seinem Narkosepult, dann hatte er schon wieder innerlich abgeschaltet und betrachtete mit gelangweiltem Blick die Anzeigen der medizinischen Geräte. Ab jetzt arbeitete nicht mehr er, sondern das Halothan.

Andrea Göller atmete noch einmal kurz und unmerklich durch, dann streckte sie die linke Hand aus. »Skalpell.«

»Und, gefällt's dir?«, fragte Bianca, während sich ihre Freundin im Spiegel betrachtete. Andrea beäugte ihre Gelfrisur von allen Seiten und aus allen Winkeln. Bianca hatte im Zuge der musikalischen Berieselung eine der hochgeföhnten Kim-Wilde-Frisuren kopiert. Ziemlich schrill, auf jeden Fall *up to date*, aber vor allem eins: auffallend. Florian würde sie nicht übersehen können. Sollte er auch gar nicht, im Gegenteil, dachte sich die Friseuse grimmig.

Andrea Göller nahm sich einen Handspiegel und zupfte die allerletzten Strähnen zurecht. Als sie den Spiegel weggelegt hatte, strahlte sie wie ein Honigkuchenpferd von einem Ohr zum anderen und fiel ihrer Bianca spontan um den Hals. »Dankedankedanke! Du bist die Allergrößte. Wie kann ich das jemals wiedergutmachen?«

Bianca lächelte milde, aber ihre schwarzen Augen hatten einen kalten Glanz. »Jetzt hau schon ab«, sagte sie lächelnd. »Und immer dran denken: Finger weg von den Haaren! Das ist ein Kunstwerk, klar? Wenn einer sie berühren darf, dann höchstens dein lieber Florian, und dann aber richtig. Ich bin gespannt, was die Frisur aushält.«

Andrea Göller nickte begeistert. Sie umarmte ihre Freundin zum Abschied und flog dann regelrecht hinaus auf die Straße, wo ihr Bruder – mal wieder– im R4 auf sie wartete.

Sie beendete die letzte Naht und schnitt den medizinischen Faden mit einer kleinen Schere ab.

»Fertig.« Sie gab dem Anästhesisten ein Zeichen, der daraufhin langsam das Halothan drosselte, bevor die OP-Schwester ihre Patientin in den Aufwachraum schieben würde. Nach sechs bis acht Stunden würde Bianca aufwachen, und irgendwann morgen würden sie sich seit über zwanzig Jahren wieder gegenübersitzen. Aber bis dahin würde sie erst einmal eine Runde schlafen und dann früh aufstehen, schließlich hatte sie noch einige heikle Vorbereitungen zu treffen.

Die Verwendung arsenhaltiger Mineralien als Heilmittel ist bereits durch die Autoren der Antike, Hippokrates und Plinius, bezeugt. Sie wurden als Fiebermittel, als Stärkungsmittel und zur Therapie von Migräne, Rheumatismus, Malaria, Tuberkulose und Diabetes eingesetzt.

Des Weiteren führt Arsen zur verstärkten Bildung der sauerstofftransportierenden roten Blutkörperchen. Aus diesem Grund wurde es früher dem Futter von Geflügel und Schweinen zugesetzt, um eine schnellere Mästung zu ermöglichen. Trainer von Rennpferden benutzten es zum illegalen Doping ihrer Tiere – heute kann der Zusatz von Arsen zur Nahrung allerdings leicht im Urin nachgewiesen werden.

Die stimulierende Wirkung des Arsens ist vermutlich auch Ursache des früher in einigen Alpengegenden verbreiteten Arsenikessens. Im 17. Jahrhundert verzehrten manche der dortigen Bewohner lebenslang zweimal wöchentlich bis zu 250 Milligramm Arsen – Männer, weil es bei der Arbeit in den Höhenlagen half, Frauen, da es angeblich zu einer kräftigen Gesichtsfarbe beitrug. In der Wissenschaft lange als Märchen abgetan, nahm ein Bauer aus den Steirischen Alpen 1875 vor der in Graz versammelten deutschen Fachwelt eine Dosis von 400 Milligramm Arsentrioxid zu sich, die sich später auch in seinem Urin nachweisen ließ. Die

*Dosis lag weit über dem Doppelten der für normale Menschen töd-
lichen Arsenmenge, zeigte aber keinerlei negative Auswirkungen
auf den Bauern. Ähnliches wird von Bewohnern einer Siedlung in
der hochgelegenen chilenischen Atacamawüste berichtet, deren
Trinkwasser hochgradig mit Arsen belastet ist, die jedoch keinerlei Vergiftungssymptome zeigen. Heute geht man davon aus, dass
eine langsame Gewöhnung an das Gift mit sukzessive steigenden
Dosen physiologisch möglich ist.*
(Wikipedia)

Die Schüler und Schülerinnen des ETA-Hoffmann-Gymnasi-
ums waren schon fast alle in die Schulturnhalle geströmt. Andrea wurde direkt vor dem Eingang von Paul abgesetzt, den sie
anschließend nach Hause schickte. Eines war sicher: Heute
würde sie keinen Bruder benötigen, der sie nach Hause brachte.

Sie drehte sich um – Florian stand wenige Meter von ihr entfernt. Er hatte sich in einen grünen Anzug aus grobem Cord geschmissen. Eigentlich ein so peinliches Outfit, dass sie sich ein
Grinsen verkneifen musste, aber Florian konnte anziehen, was
er wollte, es würde immer noch Florian drinstecken. Und das
war alles, was für sie zählte. – Bis vielleicht auf den offen stehenden Mund ihres Angebeteten, als er sie erblickte. Er musterte sie von oben bis unten und brachte keinen Ton heraus.

Sie ging auf ihn zu. »Na, mein Lieber, gefall ich dir?«, fragte
sie in einem leicht anzüglichen Ton.

Der Angesprochene stotterte nur: »Äh, äh, also, ich, also,
äh …«

Sie packte ihn lachend an der Hand, und zusammen liefen sie
Händchen haltend in den Saal, in dem die Band bereits mit der
ersten Nummer begonnen hatte.

Als Chirurgin Andrea Göller am nächsten Tag zur Arbeit erschien, musste ihr Anästhesist drei Mal hinschauen und sich die
Augen reiben, um seine Kollegin zu erkennen. War das noch
die Chirurgin, mit der er gestern erst operiert hatte? Natürlich,
sie musste es sein. Der Gang, der misstrauische Blick. Außer-

dem stellte dieses fremd-vertraute Wesen seine Tasche auf denselben Platz wie normalerweise Chirurgin Andrea Göller. Sie war es tatsächlich.

Nicht nur der arme Anästhesist war verwirrt und erstaunt, auch Schwestern, Pfleger und sogar eine Putzkraft trauten ihren Augen nicht. Das konnte doch nicht sein ...

Andrea Göller hätte todsicher gegrinst, wäre ihr nach Grinsen zumute gewesen. Doch sie war selten in ihrem Leben ernster gewesen als in diesem Augenblick. Es war ihr durchaus bewusst, welche Reaktionen sie mit ihrem Outfit unter dem Krankenhauspersonal auslöste.

Sie hatte ihre langen blonden, gewellten Haare abgeschnitten und trug stattdessen einen mattschwarzen Pagenkopf. Ihr Lippenstift war dunkelviolett, ihre Augen kräftig mit Kajal nachgezogen. Ihr für ihr Alter immer noch sportlich schlanker Körper steckte in eng anliegenden schwarzen Lederklamotten, ihre Füße in schwarzen Fellstiefeln. Sie sah weniger aus wie eine Chirurgin im Dienst, sondern vielmehr wie eine extrem teure Geliebte des Chefarztes in einem Krankenhaus für Privatpatienten. Lächelnd ging sie auf ihre Stationsschwester zu, um ihr die Hand auf den offen stehenden Mund zu legen.

»Wo liegt denn unser verstopfter Eileiter von gestern?«, fragte sie unschuldig. Die Stationsschwester antwortete nicht, sondern deutete stumm auf die übernächste Tür. Bevor Andrea Göller im Zimmer verschwand, wandte sie sich noch einmal an die Gesellschaft der Sprachlosen: »Was ist denn los? Ran an die Arbeit! Husch, husch!« Auf der Stelle gingen die Krankenhäusler auffallend konzentriert wieder ihrem Tagesgeschäft nach.

Andrea Göller hielt noch einmal kurz inne und holte tief Luft, dann drückte sie entschlossen die Klinke nach unten und trat, ohne anzuklopfen, ein.

Es war ein wunderschöner Abend. Genauer gesagt, es war der schönste in ihrem achtzehnjährigen Leben. Sie hatten zusammen gelacht, gegessen, aber vor allem getanzt. Jetzt endlich waren die meisten der Lehrer gegangen, und das Licht erlosch. Nur noch die beliebten, weißbläulich leuchtenden Schwarzlichtlampen spendeten ihr besonderes Licht. Alles wirkte so seltsam intensiv, und Andreas Frisur erstrahlte wie die eines elegant frisierten Pumuckl. Sie war glücklich. Unglaublich glücklich sogar. Die Band hatte angefangen, Schwofsachen zu spielen. Barclay James Harvest und solches Zeug. Florian und sie standen mitten auf der Tanzfläche zwischen all den anderen Tanzenden, und gleich würde es passieren. Der Moment, auf den sie so lange gewartet hatte. Florian würde sanft ihren Kopf zwischen seine Hände nehmen, würde ihn langsam nach oben heben, sie würden sich tief in die Augen blicken, und dann würden sie sich küssen. Eine ganze Ewigkeit lang. Und wenn diese Ewigkeit vorbei war, würde sie mit ihm gehen, wohin auch immer er wollte, so viel war ihr klar.

Sie spürte, wie sich Florians Hände von ihrem Hosengürtel lösten und ganz langsam an ihrem Rücken entlang nach oben glitten. Ein erregtes Frösteln bemächtigte sich ihres Körpers. Jetzt hatten seine magischen Hände ihren Hals erreicht, sie hoben ihr Gesicht nach oben, und Andrea sah Florians Augen wie zwei glühende Kohlen in der Dunkelheit leuchten. Dann griff er mit beiden Händen in ihre Haare. Sie hob den Kopf, schloss die Augen. Ihre Lippen näherten sich leicht geöffnet den seinen. Plötzlich bemerkte sie eine plötzliche Verkrampfung in seinem Körper. Irgendetwas stimmte nicht. Sie öffnete die Augen. Florian starrte sie an. In seinem Blick war eine Mischung aus Entsetzen, Ekel und schlichter Angst zu erkennen.

Ihr gesamtes Leben würde sie diesen Ausdruck nicht mehr vergessen. Diesen letzten Blick von ihrem Florian, als er realisierte, dass er Büschel von Haaren in der Hand hielt. Einen Moment lang schien sie selbst nicht zu wissen, was da gerade passiert war, dann begriff sie schlagartig, dass es ihre Haare waren, die er in den Händen hielt. Panisch flogen ihre Hände in ihre Frisur und zogen. Das Letzte, an das sich Andrea später erinnern konnte, war das kalte, höhnische Grinsen von Bianca, die plötzlich hinter Florian aufgetaucht war, und dass sie schreiend mit den Händen voller eigener Haare aus dem Saal gerannt war. Der schönste Tag hatte sich in den schlimmsten ihres Lebens verwandelt.

Nach mehreren Suizidversuchen verließ Andrea Monate später für immer mit ihren Eltern die Stadt.

Eine akute Arsenvergiftung führt zu Krämpfen, Übelkeit, Erbrechen, inneren Blutungen, Durchfall und Koliken bis hin zu Nieren- und Kreislaufversagen. Bei schweren Vergiftungen fühlt sich die Haut feucht und kalt an, und der Betroffene kann in ein Koma fallen. Die Einnahme von 60 bis 170 Milligramm Arsenik gilt für Menschen als tödliche Dosis (LD50 = 1,4 mg/kg Körpergewicht); meist tritt der Tod innerhalb von mehreren Stunden bis wenigen Tagen durch Nieren- und Herz-Kreislauf-Versagen ein. Eine chronische Arsenbelastung kann Krankheiten der Haut und Schäden an den Blutgefäßen hervorrufen, was zum Absterben der betroffenen Regionen sowie zu bösartigen Tumoren der Haut, Lunge, Leber und Harnblase führt.

(Wikipedia)

Bianca lag in ihrem Einzelzimmerbett und schaute nachdenklich Richtung Fenster.

Andrea nahm all ihre Courage zusammen. »Na, wie geht's denn meiner Patientin?«, fragte sie, als sie die Tür schloss.

Bianca lachte freundlich, als die Chirurgin sich ihrem Bett näherte.

»Ach, so weit ganz gut. Ich hab nur noch nie eine Narkose bekommen.« Andrea Göller stand unter allerhöchster Anspannung, aber Bianca schien sie nicht zu erkennen. Sie musterte sie, hielt sie aber nur für ihre Ärztin. Andrea griff nach der Krankenakte von Bianca, studierte sie kurz und sprach dann mit ihrer ehemaligen Freundin, wie sie immer mit ihren Patienten sprach: freundlich und sachlich.

»Nun, Frau Kaim, die Operation ist gut und wie geplant verlaufen. Ihre Eileiter sind frei und nun voll funktionsfähig.« Sie hob den Kopf und verzog die Mundwinkel. »Ich denke, so in einem halben Jahr können Sie anfangen, über eine Schwangerschaft nachzudenken.« Sie lächelte weiter ihr professionelles Lächeln, während Bianca Kaim die Tränen in die Augen traten.

»Ich kann also Kinder bekommen?«

»So viele Sie möchten.«

Bianca Kaim konnte die Tränen des Glückes nicht mehr länger zurückhalten.

»Aber in den nächsten Tagen sollten Sie sich schonen«, sagte die Ärztin streng. »Für die Gebärmutter ist die neue Situation noch ungewohnt, darum möchte ich Sie um etwas bitten.« Sie zog eine kleine rosafarbene Schachtel hervor, die Bianca Kaim neugierig betrachtete.

»Was ist das?«, fragte sie, noch immer vom emotionalen Aufruhr schniefend.

Andrea Göller setzte ein mildes Lächeln auf. »Das sind spezielle Tampons. In den nächsten Stunden wird es vielleicht noch zu Blutungen kommen, ganz sicher aber zu leichten Krämpfen. Sie sollten stündlich einen dieser Tampons einführen. Jeder enthält ein Schmerzmittel sowie ein Antiseptikum. Morgen früh müsste dann alles überstanden sein.« Sie konnte ihre Stimme nur noch mühsam unter Kontrolle halten, aber Bianca nickte heftig.

»Gar kein Problem.«

»Ach, und noch etwas«, bemerkte die Chirurgin beiläufig. »Wenn Krämpfe oder Schmerzen auftreten sollten, können Sie mich direkt rufen. Hier ist ein kleiner Piepser. Wenn Sie hier draufdrücken, bin ich sofort da.« Wieder lächelte sie professionell und erhob sich.

Bianca Kaim blickte sie mit tränennassen Augen an. »Danke, Frau Doktor …«

»Keine Ursache, dazu bin ich ja hier angestellt«, antwortete Andrea Göller schnell, bevor Bianca sie noch nach ihrem Namen fragen konnte. Dann verließ sie das Zimmer, machte sich im Ärztezimmer einen Kaffee und wartete.

Das Element Arsen erreichte zweifelhafte Berühmtheit als Mordgift, belegt durch geschichtliche Aufzeichnungen sowie die Instrumentalisierung in Literatur und Film. Es handelte sich bei dem Mordgift allerdings nie um elementares Arsen, sondern um dessen Verbindungen.

In Italien und Frankreich starben Herzöge, Könige und Päps-

te an vorsätzlich herbeigeführten Arsenvergiftungen, in Deutschland brachte die Serienmörderin Gesche Gottfried aus Bremen 15 Menschen zu Tode. Die Urheber der Morde blieben jedoch meist unerkannt, da Arsen bis 1836 in kleinen Mengen nicht nachgewiesen werden konnte. Erst die durch James Marsh entwickelte und nach ihm benannte Marsh'sche Probe machte es möglich, auch Spuren des Elementes zu identifizieren und somit eine unnatürliche Todesursache nachzuweisen. Dennoch fanden auch im 19. und 20. Jahrhundert weiter vorsätzliche Vergiftungen mit arsenhaltigen Mitteln statt – zum einen, weil sie leicht zum Beispiel als Herbizide verfügbar waren, zum anderen, weil sich bei chronischer Gabe kleiner Dosen ein krankheitsbedingter Tod vortäuschen ließ.

(Wikipedia)

Kurz nach Mitternacht machte sich ihr Piepser bemerkbar. Im gemäßigten Tempo schritt sie über den menschenleeren Flur der Inneren zum vorletzten Zimmer des Ganges. Als sie die Tür öffnete, sah sie bereits, dass sich der Körper Biancas unter Krämpfen wand. Sie stöhnte und hatte offensichtliche Schwierigkeiten, sich zu artikulieren.

Andrea Göller holte eine Spritze heraus und gab ihr eine Injektion. Kurze Zeit später nahmen die Zuckungen an Stärke ab, und der Körper wurde ruhig. Bianca starrte sie verzweifelt an. »Irgendwann habe ich herausgefunden, was du mir damals in die Haare geschmiert hast.«

Auf Biancas Gesicht spiegelte sich zuerst Unverständnis wider, bevor sie ganz langsam zu begreifen begann. Fassungslosigkeit machte sich breit.

»Es war Enthaarungscreme, die du immer für deine hässlichen Beine benutzt hast, richtig?« Andrea Göller war ruhig und sachlich, während sie ihrer ehemaligen Freundin mit der rechten Hand sanft durch das Haar strich. Diese war zu keiner Regung mehr fähig, schaute sie nur unverwandt an.

»Du wirst keine Kinder mehr bekommen, Bianca«, fuhr die Chirurgin fort. »Du wirst jetzt und hier sterben.« Dann beugte sie ihren Oberkörper vor, bis ihr Gesicht nur noch wenige Zentimeter von dem der Sterbenden entfernt war. »Ich bin es, Bianca, deine Freundin Andrea. Ich wollte es dir schon seit vielen Jahren sagen, aber es hat sich bisher keine Gelegenheit ergeben. Die Frisur, die du mir damals gemacht hast, die hat mir nicht gefallen ... gar nicht.« Ihre Stimme wurde immer leiser.

Wenige Minuten später gab der Körper von Bianca Kaim auf. Während der Alarm ertönte, schlug Andrea Göller die Bettdecke ihrer Patientin zurück und entfernte den Tampon. Dann deckte sie die Tote wieder zu und griff sich die noch geöffnete Tamponschachtel und den Piepser.

In wenigen Minuten würde sie alles, was mit dem Gift in Berührung gekommen war, verbrannt haben. Nichts auf der Welt würde sie dann mehr mit der Leiche in Verbindung bringen. Nichts.

Jahrelang glaubte die Fachwelt, dass der Tod des ehemaligen französischen Kaisers Napoléon Bonaparte mit 51 Jahren auf der Insel St. Helena möglicherweise einem Giftanschlag mit Arsen zugeschrieben werden muss. Zumindest hatte man in seinen Haaren hochkonzentrierte Spuren des Giftes entdeckt. Heute existieren verschiedene andere Thesen zur Erklärung des Faktenbefundes. Eine Möglichkeit besteht darin, dass das Arsen nach seinem Tod den Haaren beigegeben wurde, um diese zu konservieren, eine damals durchaus übliche Methode. Ebenfalls möglich ist es, dass der Kaiser im Übermaß die arsenhaltige Fowler'sche Lösung zu sich nahm, die zu seiner Zeit bei vielen seiner Zeitgenossen als medizinisches Wundermittel galt. Die dritte und heute als wahrscheinlichste angesehene Möglichkeit ist, dass sich Napoléon durch organische Arsenverbindungen vergiftete, die Schimmelpilze beständig aus seinen mit grünen Arsenpigmenten gefertigten Tapeten freisetzten. [...]

Die schriftstellerische Tätigkeit der britischen Kriminalautorin Agatha Christie geht auf das Arsen zurück. Während des Ersten Weltkrieges half sie in einer Apotheke eines örtlichen Hospitals aus. Eines Tages verschwand eine beträchtliche Menge Arsen aus dem verschlossenen Giftschrank und tauchte nicht wieder auf. Dies inspirierte sie zu ihrem ersten Kriminalroman »The Mysterious

Affair at Styles« (»Das fehlende Glied in der Kette«), der drei Jahre später veröffentlicht wurde und ihren Weltruhm begründete.
[...]

In dem Theaterstück von Joseph Kesselring »Arsen und Spitzenhäubchen« vergiften zwei alte Damen in gut meinender Absicht ältere einsame Herren mit einer Arsen-Strychnin-Zyankali-Mischung. Bekannt wurde das Stück durch die gleichnamige Verfilmung von Frank Capra mit Cary Grant, Peter Lorre und Priscilla Lane in den Hauptrollen. Der wohl berühmteste Auftritt des Giftes Arsen.

(Wikipedia)

*Anderen eine Grube zu graben
ist anstrengend,
doch es zahlt sich fast immer aus.*
D.H. Lawrence

Der Nußhardt

»Jetzt pass doch auf, du verdammter Hinterwäldler!« Das Gesicht verzog sich theatralisch zu einer schmerzverzerrten Grimasse.

Man hätte meinen können, Roland Tschorn würde den Armen gleich auf der Stelle und im Schnee notoperieren wollen. Dabei war er als gelernter Mitarbeiter der Bergwacht doch nur dabei, seinen Job zu erledigen. Seiner Meinung nach hatte dieser Tourist seinen Fuß verdreht, nichts war gerissen oder gebrochen. Es war die übertriebene Wehleidigkeit des Skitouristen aus dem Rheinland, die ihm gewaltig auf die Nerven ging. Allerdings war dieser Verletzte ein ganz besonderes Exemplar, das ihm schon seit geschlagenen vier Tagen das Leben zur Hölle machte. Nicht nur, dass sich dieser Preußendepp und seine geizige Frau für eine Woche bei ihm im neunhundertzweiundzwanzig Meter hoch gelegenen »Seehaus« oberhalb des Fichtelsees einquartiert hatten, nein, jetzt musste dieser Schwachkopf bei Eis und Schnee auch noch den Nußhardt besteigen.

Der Nußhardt war eine auf Granitblöcken thronende Aussichtsplattform oberhalb des »Seehauses«. Auf neunhundertzweiundsiebzig Metern hatte man eine gigantische Rundumsicht über das Fichtelgebirge bis ins Böhmische. Immerhin war der Nußhardt die dritthöchste Erhebung des Fichtelgebirges. Im Juli 1785 hatte sogar Johann Wolfgang von Goethe auf dem Gipfel gestanden und anschließend im »Seehaus« übernachtet.

Allerdings war der Aufstieg auf den Nußhardt nur eine Sommertour. Im Winter führte kein Weg über die Granitblöcke, es war zu steil, zu glatt und zu gefährlich.

Aber natürlich war das für Jupp »Besserwisser« Hennickes aus Ennepetal kein Hindernis. Der musste natürlich auch bei Minusgraden und dichtem Schneefall dorthinauf. Nach gefühlten sieben Höhenmetern war der Reinhold Messner des Rheingrabens in eine Spalte getreten, hatte sich den Fuß verdreht und lag jetzt auf dem Felsen. Aber statt dankbar und froh darüber zu sein, dass Roland Tschorn, Seehausbesitzer und Ausbildungsleiter der Bergwacht, nur kurze Zeit später zur Stelle war, um sich um ihn zu kümmern, bedachte Jupp Hennickes seinen Retter jetzt schon minutenlang mit den wüstesten Beschimpfungen, die ihm einfielen.

»Los jetzt, du fränkischer Neandertaler, bring mich irgendwie in meine Hütte zurück. Wenn ihr Franken schon zu blöd seid, einen einfachen Bergpfad anzulegen, dann müsst ihr gefälligst auch die Konsequenzen tragen!«, bellte er angriffslustig in die Winterlandschaft.

Mit Konsequenzen meinte er offensichtlich sich selbst. Schließlich nahm ihn Roland Tschorn huckepack und trug ihn den halben Kilometer zum »Seehaus« hinunter. Eigentlich ein recht idyllischer Spaziergang durch kniehohe Schneewechten und vorbei an schlanken, alten Nadelbäumen. Doch die Idylle des winterlichen Dreikönigstages wurde permanent vom schrillen Gebelfer des Sechzigjährigen durchbrochen, der in einem fort über die Unbill eines Urlaubes im Fichtelgebirge lamentierte.

So ging das schon, seit Jupp Hennickes im »Seehaus« angekommen war. Kaum dass er und seine Gattin Waltraud ihr Zimmer unter dem Dach bezogen hatten, begann die Misere. Die Matratzen waren ihnen zu weich, das Toilettenpapier zu hart, die Kerzen zu hell und das Dach zu schräg.

Die Mahlzeiten, die Rolands Frau Monika ihnen kochte, passten ihnen selbstverständlich genauso wenig – was sie aber nicht daran hinderte, ihre Teller mehrmals nachzufüllen. War ja alles inklusive.

Das begonnene Theater setzte sich auch auf der nagelneu angelegten Skipiste fort, die wunderschön in den Hang hineingeschlagen worden war und auf der man bis zum Parkplatz am Fichtelsee fahren konnte. Zu Beginn war dieses Kleinod fränkischer Abfahrten selbstverständlich viel zu steil und weiter unten natürlich viel zu flach. Genau an der flachsten Stelle hatten sich Jupps Ski ineinander verkeilt und ihn in den Schnee befördert. Seine mit einer üppigen BH-Größe gesegnete Ehefrau konnte aus Gewichtsgründen nicht mehr abbremsen und fuhr

175

mit Volldampf in die Weichteile ihres Ehemanns. Unter dem allgemeinen Gelächter der anderen Skifahrer stieß das Ehepaar anschließend wüste Drohungen gegen ihn, den herbeieilenden Bergwachtler, aus und drohte mit Klage, Tod und Untergang des Abendlandes. Sie war dabei äußerst schrill, er eher verbissen und massierte sich derweil seine Leistengegend. Auf gut Fränkisch: Solche Leut trugen die Ruh naus!

Das Lamentieren wollte selbst dann nicht aufhören, als er den gestürzten Ehemann nun neben seine Frau auf die Eckbank im Schankraum plumpsen ließ.

»Was haben Sie mit meinem Mann gemacht, Sie ungehobelter Klotz?«, kreischte Waltraud Hennickes sofort los, während Jupp höchst einfallsreiche Theorien absonderte, warum er mit seinen hochalpinen Halbschuhen im Tiefschnee abgerutscht und umgeknickt war. Es endete, wie es immer endete, mit Zeter, Mordio und einer Androhung des Rechtsanwaltes sowie astronomischer Schadenersatzforderungen.

Roland Tschorn schaute sich um. Außer ihnen war niemand in der Gaststube, seine Frau kümmerte sich um die Zimmer und wollte später noch einkaufen gehen. Kurz entschlossen verließ er, ohne auf das Gezeter seiner beiden Hausgäste zu achten, in seiner roten Bergwachtsuniform das Haus. Draußen ließ er sich erst einmal die dichten Schneeflocken ins inzwischen nur noch dünne Haar wehen und blickte über die Skipiste in die Ferne. Schließlich drehte er sich um und betrachtete sein Anwesen. Das »Seehaus« war eine altehrwürdige Unterkunft für Wanderer, Naturliebhaber und neuerdings auch für Skifahrer aller Herren Länder. Seit Jahrhunderten bot es Schutz und eine Übernachtungsmöglichkeit. Der erste Stock war von grünen Schindeln umsäumt und saß auf einem massiven Steinbau, der auf oberfränkischem Granit gründete. Hinter dem Haus hatte Roland Tschorn eine hochmoderne Biogasanlage errichtet, die das Haus mit jeglicher Art von Energie versorgte. Aber die Neuerung war teuer gewesen. Öko war gut fürs Umweltgewissen, aber schlecht für den Geldbeutel. Eigentlich hatte die neue Skipiste für die nötigen Einnahmen sorgen sollen, mit denen man die energetische

Autarkie des »Seehauses« finanzieren wollte. Die neue Piste hatte jedoch auch einen Nachteil: Denn wenn die Skifahrerei Einzug hielt, war es mit der fränkischen Winterruhe vorbei. Bis jetzt war aber auch das alles noch erträglich und hinnehmbar gewesen. Bis, ja, bis Herr und Frau Hennickes im »Seehaus« aufgetaucht waren.

Am Anfang hatte er ja immer noch alles geschluckt und sich des alten fränkischen Spruches erinnert: »Jeden Tag steht a Depp auf.« Aber irgendwann musste es dann auch gut sein. Irgendwann war der Klöstopf endgültig voll.

Heute Morgen hatte seine Monika mit rot geränderten Augen in der Küche gesessen, weil sie in der Nacht keine Ruhe gefunden hatte. Bei dem Gedanken, die beiden Rheinländer noch weitere drei Tage bewirten zu müssen, trieb es seiner Frau inzwischen den Angstschweiß auf die Stirn. Ihre Reaktion hatte ihn wirklich getroffen. Das war doch kein Leben, Geld hin oder her. Wohin hatte sich die Leichtigkeit des Seins verflüchtigt? Der Gleichmut seiner fränkischen Seele war vom außerfränkischen Touristenstress angefressen worden, von einem Termitenehepaar, das die Fundamente seines emotionalen Hauses zum Einsturz bringen wollte. Er wandte sich wieder der verschneiten Weite zu und blickte zum Nußhardt hinauf. Er, Roland Tschorn, war wie der Granit, aus dem dieser Berg bestand. Er würde hierbleiben, die Termiten würden verschwinden müssen. Er drehte sich um und ging ins Haus zurück.

Jupp Hennickes erzählte immer noch seine Geschichten, die seine Frau willig in sich aufsog. Jede einzelne der Beobachtungen ihres Mannes bestätigte ihre immer fester werdende Meinung über den Menschenschlag dieser Region. Das hier war nicht mehr die westliche Zivilisation, das hier war ganz eindeutig etwas sehr viel Schlimmeres. Zu guter Letzt hatten sie heute früh auch noch erfahren müssen, dass es nur ein paar wenige Kilometer nach Tschechien und nach Sachsen waren. Sie machten hier quasi Urlaub mit dem Rücken zur Wand. Nur wenige tausend Meter weiter herrschte noch immer die Steinzeit.

Als die hintere Tür der Gaststube geöffnet wurde, trat der

maulfaule Bergwachtwirt wieder in die Stube. Natürlich kriegte er den Mund wieder nicht auf, sondern winkte ihnen nur zu. Vielleicht würde er ja bald mit ihnen über die Entschädigungsleistungen sprechen, die sie schon seit Tagen angemahnt hatten. Sie würden sich weigern, auch nur einen Cent für ein derartig desaströses Urlaubserlebnis zu bezahlen, wo käme man denn da hin? Im Gegenteil, eine Art Schmerzensgeld wäre durchaus angemessen, und darüber, so beschloss Waltraud Hennickes, würde sie jetzt sofort mit diesem Frankenötzi verhandeln. Da war sie in ihrem Element.

»Du bleibst hier sitzen, Juppi«, befahl sie ihrem Ehemann, der seinen verletzten Fuß auf den Tisch gelegt hatte. »Ich werde diesem Halbaffen jetzt einmal zeigen, wie eine ordentliche Tarifverhandlung geführt wird«, trompetete sie durch die Gaststube und durchquerte energischen Schrittes den Raum. Sie richtete sich noch einmal schnell die Dauerwelle, dann verschwand sie auch schon mit Roland Tschorn hinter der Tür, die zu den Betriebsräumen und den Stallungen führte.

Jupp Hennickes wartete eine halbe Stunde auf Waltraud. Umsonst. Nach einer weiteren Viertelstunde wurde er ungeduldig und unwirsch. Niemand lauschte mehr seinen wüsten Erzählungen. Ein äußerst unbefriedigender Zustand, schließlich hatte er Urlaub und keine Zeit zu vertrödeln. Er erhob sich und stellte den verdrehten Fuß auf den Boden. In Strümpfen humpelte er zur rückwärtigen Tür, hinter der seine Frau mit Tschorn verschwunden war. Er öffnete sie und lauschte in das Dunkel hinein, das sich ihm offenbarte.

»Waltraud?«, rief er etwas verunsichert in den vor ihm liegenden Gang, bekam aber keine Antwort. Mist, er hätte wenigstens eine der Kerzen aus der Gaststube mitnehmen sollen. Im Dunkeln tastete er sich an der Wand entlang und stellte fest, dass es, je weiter er in die Schwärze hineinging, immer stärker nach Jauche und Faulgasen roch. Die Schweineställe konnten nicht mehr weit sein. Mit einer Hand hielt er sich die Nase zu, weil der Gestank für sein städtisches Riechorgan unerträglich geworden war. Die andere streckte er in das Dunkel vor sich. Juppi machte gerade noch zwei Schritte, dann spürte er, wie unter ihm der Boden nachgab – und er fiel. Nach wenigen Metern klatschte er in etwas Weiches, Zähflüssiges, Stinkendes und begann sofort, zwar langsam, aber dennoch stetig, darin zu versinken.

»Hilfe!«, rief er, so laut er konnte. Und tatsächlich leuchtete umgehend eine Taschenlampe hell auf. Schemenhaft erkannte er erst die Umrisse Tschorns und dann dessen ausdrucksloses Gesicht, das sich über eine große quadratische Öffnung in der Betondecke beugte. Der Gestank um ihn herum wurde immer bestialischer und beißender, das Atmen fiel ihm immer schwerer.

»Holen Sie mich sofort hier heraus, Tschorn!«, bellte er in aufsteigender Panik und reckte die rechte Hand nach oben.

Doch der Hüttenwirt machte keinerlei Anstalten, sie zu ergreifen, um ihm herauszuhelfen. Stattdessen deutete Tschorn leicht nach rechts. Hennickes blickte in die Ecke der Sickergrube und erstarrte. Aus der breiigen Masse aus Kot, Dung und Essensabfällen ragte die Hand seiner Frau heraus. An einem Finger war der Ehering zu erkennen. Der Ring, den er selbst vor etlichen Jahren beim Gartenumgraben verloren hatte. Seitdem hatte ihm seine Frau den ihren wöchentlich vor die Nase gehalten, damit er sich auch immer dieser unsäglichen Schuld bewusst blieb.

Diese Hand gehörte also ganz eindeutig seiner Ehefrau. Noch bevor Jupp Hennickes aus dieser Erkenntnis weiteres Verhalten ableiten konnte, erlosch das Licht der Taschenlampe, und er hörte, wie das Loch der Sickergrube mit einem schweren Holzdeckel verschlossen wurde. Es dauerte noch eine Weile, bis sein Geist begriff, was dies für ihn bedeutete.

»Hilfe«, brachte er noch einmal halb erstickt zustande, bevor auch sein Kopf in der dickflüssigen Gülle versank.

Als Monika Tschorn mit den Einkaufstüten in den Händen die Gaststube betrat, saß ihr Mann auf der Eckbank und genehmigte sich gerade einen selbst gebrannten Zwetschgenschnaps. Auf seinem Gesicht lag ein seliges Lächeln.

179

»Komm, Schatz, ich geb dir einen aus«, sagte er, schenkte ein zweites Schnapsglas voll und schob es ihr hinüber.

Sie setzte sich bereitwillig und griff sich das Destillat, das sie eigentlich immer nur zu besonderen Momenten zusammen tranken. Bevor sie mit ihm anstieß, schaute sie sich panisch um. »Wo sind denn die Hausgäste?«, fragte sie gepresst. »Die wollen doch bestimmt gleich ihr Essen, das ihnen sowieso wieder nicht schmeckt.«

Roland Tschorn bemerkte, wie sich der Körper seiner Frau anspannte und sich in die Küche begeben wollte, doch er hielt seine Gattin zurück.

»Die sin abgereist«, sagte er lakonisch. »Geld hab ich kaans verlangt. Hauptsach, die sin ford.« Er hob das Glas.

Monika Tschorn fiel ein riesiger Granitstein vom Herzen. Na, Gott sei Dank. Die fehlenden Einnahmen waren ihr so was von egal, Hauptsache, die beiden waren weg und würden nie wieder ihren Weg kreuzen.

»Fandest du die nicht auch so aggressiv?«, fragte sie, stellte das leere Schnapsglas wieder zurück auf den Tisch und lehnte den Kopf an die Schulter ihres Bergwachtlers.

Der dachte kurz nach, dann legte sich ein Schmunzeln um seine Lippen, während er nach draußen auf die dunklen Umrisse seiner Biogasanlage blickte. »Aggressiv? Na ja, jetzt wahrscheinlich nimmer. Eher regenerativ, würd ich sagen.« Er lachte grimmig auf und lächelte seiner Frau zu, bevor er noch einmal von der leckeren Zwetschge nachschenkte. Roland Tschorn war mit sich und seiner fränkischen Welt endlich wieder im Reinen.

Sage deinem Mann,
dass du ein Mal in der Woche
einen Weiberabend brauchst.
Aber vergeude diesen Abend
bloß nicht mit Weibern.
Tina Turner

Vogelfrei

Die schöne Frau des Herrn Graliebe,
statt dass sie heut allein bliebe,
ohne ihren Franz, den Penner.
Nein, sie hat heut Lust auf Männer.
Im Apartment auf dem Dach
legt sie heute einen flach.

Zwar ist der Gatte,
den sie hatte,
Besitzer von drei Speditionen,
doch was nützen die Millionen
der Ehefrau, die unbefriedigt
jeden Tag die Post erledigt.
Ihr Franzl dealt mit Putz und Lehm,
doch hat er ein Potenzproblem,
nen Geldbeutel mit viel Gewicht,
doch im Bett, da hilft das nicht.
So schläft Herr Graliebe
ohne Triebe
und versucht seine Hänger zu heben
an den Lastwagen und im Leben,
bewacht seine Frau, die scheinbar tüchtig,
ansonsten ist er eifersüchtig.

Graliebchen wohnt im fünften Stock
und hat jetzt auf den Nachbarn Bock.
Kaum gerufen, ist der da,
zieht sich aus, bumsfallera.
Doch mitten in dem Bettgemenge
spricht ne strenge
Stimme mit erhöhtem Stress:
»Ein Päckchen, hier ist UPS.«
Ach, du Schreck, der Postmann klingelt,
den kriegt man nicht schnell abgewimmelt,

denn in manch heimlicher Liebesstunde
dreht auch der bei ihr ne Runde.

»In den Schrank, das wäre nett«,
drängt sie den Nachbarn aus dem Bett.
Der sich geschwind ins Möbel schließt,
sie darauf UPS begrüßt,
der gleich die Hüllen zu dem Fest
fallen lässt.
»Ein riesiges Paket«,
tönt der Postmann, und er stellt
die Behauptung in den Raum ...
»Ha, das Päckchen sieht man kaum«,
kriegt er drauf von ihr erzählt,
prompt das Paket zusammenfällt.

Doch bevor es kommt zur Klärung
der postalischen Bescherung,
taucht auf der nächste Bettbenutzer,
draußen klopft der Fensterputzer.
Der Postmann flüchtet sportlich schnell
unters Bettgestell,
bevor ein junger, süßer Lette
sich entblößt in Richtung Bette.
»Ich dir machen beste Liebe«,
erläutert er ihr seine Triebe,
wartet keine Antwort ab,
zeigt ihr bloß den Zauberstab.

Jedoch, es stört den Stabgebrauch
der Pfarrer Leim, denn der klopft auch
von draußen an die Eingangstüre
und schwört heiße Liebesschwüre.
Zu Mittag gibt es hier in Franken

leider keine Ministranten.
Drum aus purer Not geborn,
macht er sich auf zur Spedition.
Denn das Schönste ist ja grad
das Umgehn vom Zölibat.
Graliebchen öffnet schnell die Türe,
er darauf die Hosenschnüre,
die Soutane sinkt nach unten,
Bruder Leim ist liebestrunken,
bis er erblickt den jungen, netten
gut gebauten nackten Letten.

Die Hausfrau ist sofort Geschichte,
Herr Leim ist plötzlich ganz erpichte
auf den schönen jungen Mann,
Graliebchen kommt halt später dran.
Er war – weiß Gott – ein Frauenfreund,
doch das Bessre ist des Guten Feind.
Schon aus seiner Hose tropft es,
da klopft es an der Türe munter:
»Was, zum Teufel, geht hier ab?
Herr Pfarrer, wo ist Ihr Gewand?«,
hört man die Stimme des gehörnten
Ehemannes und gelernten
Speditionschefs ohne Sex,
in der Hand hat er ne Flex.

Vor der Flex, der ausgepackten,
kriechen schleunigst alle Nackten
prompt und schnell aus den Verstecken,
keinem ist jetzt mehr zum Necken.
Die Flex scheucht alle ohne Schonung
aus der Dachterrassenwohnung.
»Raus, ihr Böcke!«, flucht Graliebe laut,

und man sieht manch nackte Haut
in Panik aus dem Fenster fliehn.
Vom fünften Stock – das ist nicht schön –
klatschen Körper auf den Teer,
danach hört man gar nichts mehr.
»Du hast sie alle umgebracht!«,
schreit Frau Graliebe, und sie macht
Anstalten zu flüchten durch die Tür,
die Flex jedoch sagt: »Du bleibst hier.«

Ihr Mann lacht laut, das Grinsen breit.
Ohne jegliches Mitleid
schreit er zu denen, die da unten liegen:
»Wer vögeln kann, der kann auch fliegen!«

Der größte Genuss ist es,
einen Feind aufs Korn zu nehmen,
sich an ihm nach sorgfältiger
Vorbereitung gründlich zu rächen
und sich dann einfach ins Bett zu legen.
Josef Stalin

Sticheleien

Sie saß inmitten ihres Volkes auf dem warmen Untergrund, während ihre Emotionen langsam abkühlten. Es war ein schwerer Kampf gewesen, aber er war gewonnen worden. Eigentlich hatte ihr der Grund für das schreckliche Wüten nicht so recht eingeleuchtet, aber vor fünf Minuten hatten sie und ihr Volk auch keinen Grund gebraucht. Sie hatten gehandelt, weil Pheromone es ihnen befohlen hatten.

Kurz vor der Raserei war der fremde Mann gekommen und hatte etwas durch die Ausflugspalte hereingesprüht. Es war derselbe Mann gewesen, der sich schon seit Tagen mit Josef Schauer stritt. Es ging wohl um irgendeine Erbsache, die die beiden jetzt schon seit über einer Woche in Rage versetzte. Josef Schauer, der Herr ihres Volkes, war groß und stark und hatte den anderen schon einmal richtig verdroschen, denjenigen, der vor wenigen Minuten etwas durch den Flugschlitz gesprüht hatte. Dann war er verschwunden, ohne dass Josef Schauer etwas von seiner Aktion bemerkt hatte. Kurz darauf hatte sie und ihr Volk eine unglaubliche Wut auf alles Lebende überkommen. Ihr Herr hatte sich gerade noch umdrehen können, dann wurde er auch schon von Hunderten ihres Volkes attackiert. Sein Schreien und Schlagen währte nur kurz. Schnell fiel er zu Boden und rührte sich kein bisschen mehr.

Sie hatte sich nicht direkt an diesem Gemetzel beteiligt, schließlich war sie eine Königin und besaß keinen Stachel. Zudem hatte sie in ihrer Funktion eine Verantwortung zu tragen. Sie würde jetzt die Überlebenden ihrer Sippe um sich versammeln und nach einer neuen Bleibe suchen. Vorsichtig bewegte sie ihre Fühler und spürte der warmen Frühlingsluft nach, die vom Einflugschlitz herüberwehte.

Was für ein Wetter, da musste man einfach ins Schwärmen geraten.

Wenn man sieht, was der liebe Gott
auf der Welt alles zulässt,
hat man das Gefühl,
dass er noch immer experimentiert.
Peter Ustinov

Das Zeitloch

Er war auf dem Weg. Unterwegs zu seinem Ziel. Aufgeregt, nervös, aber nichtsdestotrotz siegesgewiss. Dabei ist es etwas ganz Natürliches, nervös zu sein, wenn man etwas sehr Gefährliches zum ersten Mal im Leben tut, aber bei ihm kam hinzu, dass sein Vorhaben nicht nur gefährlich, sondern auch unheimlich wichtig für ihn war. All die Jahre der inneren Zerrissenheit, die erst seit Kurzem von einem festen Weltbild abgelöst worden waren, würden mit diesem Akt ihre Krönung erfahren. Die Krönung eines neu erworbenen Weltbildes, einer Überzeugung, die einem unsteten, ziellosen Leben endlich einen tieferen Sinn verlieh und in eine alles umfassende Wahrheit mündete.

Hans »Ibrahim« Muckelbauer hatte mittlerweile fast genau zwei Jahre in einem Ausbildungslager in Afghanistan verbracht. Der Drill war hart und das Essen kärglich, insgesamt war das Leben mehr als schlicht. Die Umstellung vom gewohnten Leben war für den siebenundzwanzigjährigen Westeuropäer aus Hof am Anfang ein heftiger Schock gewesen, auch wenn manche Leute meinen, dass es in Hochfranken Aufgewachsenen überall gefallen müsste. Doch ein Ausbildungslager in Afghanistan war eben eine ganz andere Hausnummer.

Hans »Ibrahim« Muckelbauer war ein anderer Mensch geworden. Er war gereinigt, er war gläubig, er war jetzt ein Talibankämpfer. Ein radikaler Muslim, der seinen Glauben mit Gewalt in die Welt tragen würde. Ein Gewandelter, der den dekadenten Kreuzrittern in seiner fränkischen Heimat die übermächtige Macht seines Glaubens demonstrieren würde.

Ein grimmiges Lächeln zog die Mundwinkel in seinem gegerbten Gesicht unmerklich nach oben. Eigentlich hatte er Lehramt studieren wollen, den Studiengang aller Unentschlossenen. Doch schon nach einem Semester realisierte er, dass er sich in seinem Berufsziel vergriffen hatte. Sein Kommilitone Jusuf Al Bashir, dessen Eltern vor vielen Jahren nach Deutschland eingewandert waren, überzeugte ihn schließlich davon, dass sein Leben generell in eine falsche Richtung lief. Er war es auch gewesen, der Hans' Aufenthalt in Afghanistan organisiert hatte.

Anfangs war es schon ein merkwürdiges Gefühl gewesen, nur wenige Kilometer von deutschen Soldaten entfernt zum Attentäter ausgebildet zu werden. Aber das Gefühl hatte sich schnell verflüchtigt, bald darauf hatte sich der Stolz eingestellt. Hans war stolz darauf, einer kleinen elitären Minderheit angehören zu dürfen, die den Siegeszug Allahs in der Welt vorbereiten durfte.

Und nun würde er, Hans »Ibrahim« Muckelbauer aus Bischofsgrün, der gemeinsamen Sache einen großen Dienst erweisen. Er würde nicht einmal sein Leben lassen müssen, um Tod und Verderben über die Ungläubigen zu bringen. Nein, da gab es intelligentere Möglichkeiten.

Er hatte alles minutiös geplant und vorbereitet, genau so, wie er es beim monatelangen Drill in den Bergen nahe Kundus gelernt hatte. Die deutschen Soldaten würden keinen Verdacht schöpfen. Er hatte als afghanischer Soldat angeheuert und würde zu später Stunde offiziell von einem Familienbesuch zurückkehren. Die naiven Deutschen, die ihm schon seit Wochen vertrauten, würden ihre kindliche Einfalt mit dem Leben bezahlen. In dem Armeesack, den er geschultert hatte, befand sich Sprengstoff. Die beste Qualität, die seine afghanischen Brüder hatten auftreiben können. Den Zünder hatte er mit einer Digitaluhr aus der ehemals deutschen Heimat gekoppelt. Westliches Präzisionsuhrwerk mit analogen Zeigern. Um Punkt zwei Uhr morgens afghanischer Zeit, genau zum Wachwechsel, würde das C4 in seinem Seesack gezündet und das Mannschaftsquartier dem Erdboden gleichgemacht werden. Wäre das erledigt, so würde er erst einmal auf die Knie sinken und beten.

Vor ihm tauchten nach und nach die Umrisse des deutschen Feldlagers auf. Es war der 24. März 2012, Viertel vor zwei Uhr nachts. Er konnte das Uhrwerk in seinem Seesack regelrecht spüren. Sobald die Schaltkreise dem Steuerchip drei Uhr meldeten, würde das C4 seine tödliche Kraft entfalten. Zu dieser Zeit hätte er das Mannschaftsquartier längst wieder verlassen und könnte dem Desaster genüsslich aus sicherer Entfernung beiwohnen.

Sein Plan war tödlich, er war wie sein neuer Glaube: unfehlbar.

Das Lager lag nun vor ihm, der erste Vorposten der Deutschen war bereits in Rufweite. Hans schaute auf seine Armbanduhr. Gleich zwei Uhr. Er hatte noch genug Zeit, um die tödliche Fracht wie geplant einzuschmuggeln. Der Posten, ein Kamerad aus seiner Einheit, müsste ihn gleich erblicken. Er hob grüßend die Hand und lächelte. Er hatte noch eine Stunde Zeit.

Um zwei Uhr morgens, hundert Meter vor dem Feldlager, erkannte das digitale Uhrwerk des deutschen Präzisionsweckers der Firma Braun automatisch die beginnende deutsche Sommerzeit und stellte die Uhr in 0,003 Sekunden um eine Stunde auf drei Uhr vor. Die Uhr konnte ja nicht wissen, dass es in Afghanistan keine Sommerzeit gab.

Alle Menschen in Deutschland mussten in dieser Nacht ihren Schlaf um eine Stunde verkürzen, weil die Uhren eine Stunde vorgestellt wurden. Nicht jeder Organismus kam mit dieser Brechung des gewohnten Rhythmus zurecht.

Auch nicht der von Hans »Ibrahim« Muckelbauer.

In Sichtweite des Feldlagers der Deutschen Bundeswehr in Kundus ereignete sich eine große, staubige Explosion. Der gewohnte Raketenalarm wurde ausgelöst, aber kurz danach ging man schon wieder zur Tagesordnung über. Raketen der Taliban waren in Zeiten wie diesen nicht weiter bemerkenswert.

Besonders dann, wenn sie so ungenau einschlugen wie diese.

Die Realität ist anders als die Wirklichkeit.
Berti Vogts

Helau

Melanie Sitzmann konnte durch die Wände des Saales das Gelächter der Gäste hören. Dann beruhigte sich das Publikum
wieder, und es drangen nur noch die dumpfen Stimmen von
Waltraud und Mariechen an ihr Ohr, die gerade auf der Bühne
des Veitshöchheimer Faschings ihr Programm zum Besten gaben.

Melanie Sitzmann konnte mit Fasching nichts anfangen.
Schon in ihrer Kindheit hatte sie die Zeit im Februar gehasst, in
der sie ihre Mutter zu einem lustigen Clown geschminkt hatte.
Wenn schon, dann wäre sie lieber Indianer oder Cowboy gewesen wie die Jungs aus ihrer Klasse. Pfeile, Pistolen, nachladen
und treffen – das wäre ihre Welt gewesen. Aber keinesfalls ein
Clown mit roter Nase und bunt karierter Weste. In so einem
Aufzug machte man sich doch nur zum Affen der ganzen Klasse.

Vielleicht waren ja diese frühen Kindheitserinnerungen einer der Gründe gewesen, warum sie später im Leben in den Po-
lizeidienst gewechselt war. Pistolen, Uniform, Verbrecher ver-
haften, das gefiel ihr schon besser. Als Frau musste man in dem
Job als Kriminalkommissarin zwar ausgesprochen tough sein,
aber damit hatte sie die wenigsten Probleme. Viel eher schon
mit dem Umstand, als Frau wahrgenommen zu werden. Männer mochten keine Frauen, die schneller als sie laufen konnten,
besser Auto fuhren und im Zweifelsfall im Bett auch noch ihre
fundierte Nahkampfausbildung anwenden konnten. Na ja, sie
war ja noch jung, vielleicht würde sie ja doch noch den Deckel
finden, der zu ihr passte.

Sie verscheuchte die egophilosophischen Gedanken aus ihrem Kopf und konzentrierte sich auf ihren heutigen Job. Ihr
Chef hatte sie angepiepst und aus dem Feierabend geholt. Er
selbst saß auf dem Veitshöchheimer Fasching im Publikum,
hatte das unglaubliche Glück gehabt, Karten für die begehrte
Veranstaltung zu bekommen. Aber der Spaß schien vorbei zu
sein, denn Konrad Schober hatte sie in die Katakomben der

Veitshöchheimer Säle bestellt, weil sich dort ein Mord ereignet hatte. Da sie eine gebürtige Veitshöchheimerin war und auch noch vor Ort wohnte, hatte er sie umständehalber gleich herbeordert.

Na ja, was soll's, so war dieser Job nun einmal. Man musste immer auf dem Sprung sein.

Als sie in den düsteren Gang einbog, der zu den Garderoben führte, fiel ihr Blick sofort auf die offene Tür, aus der ein heller Lichtschein nach außen drang.

Merkwürdig, dachte sie. Während einer solchen Veranstaltung müsste doch hier eigentlich ein unheimliches Gewusel von Künstlern, Betreuern und Ähnlichem herrschen. Draußen im Saal hatte sich immerhin die halbe bayerische Staatsregierung versammelt, und auch der BR zeichnete die quotenträchtige Sendung auf. Doch selbst von den Fernsehleuten gab es keine Spur. Anscheinend waren sie alle mit der Technik beschäftigt.

Sicherheitshalber zog sie ihre Waffe und spähte vorsichtig um die Ecke. Als sie einen Blick riskiert hatte, steckte sie verblüfft ihre Automatik weg und betrat das Zimmer.

Ihr Vorgesetzter, Kriminalhauptkommissar Schober, stand neben einer männlichen Leiche. In der linken Hand hielt er einen Mikrofonständer, von dem noch das Blut des Getöteten auf den Garderobenboden tropfte.

Melanie Sitzmann stellte sich neben ihren Chef, schaute sich um, inspizierte den Tatort. Der Raum wirkte aufgeräumt, sauber. Er war fast zu leer, als dass sich hier Künstler umgezogen haben sollten. Der Tote wies eine ausgerissene Bauchwunde auf, die eindeutig von dem Mikrofonständer stammte. Erst jetzt bemerkte sie den Alkoholgeruch und musterte ihren Chef kritisch. Der gute Kriminalhauptkommissar hatte wohl schon geraume Zeit dem Wein zugesprochen, jedenfalls wehte eine ordentliche Note fränkischer Bacchus durch den Raum.

Sie verzog das Gesicht. Klasse, ein alkoholisierter Chef. Dann musste sie den Fall eben in die eigene Hand nehmen. Der Rest des Abends war für sie jedenfalls freizeittechnisch gelaufen.

»Hast du schon die Spurensicherung benachrichtigt?«, fragte sie resigniert, obwohl sie die Antwort bereits vorausahnte.

»Wer, ich?«, lallte Konrad Schober mit schiefem Grinsen. »Aber ich hab doch Feierabend, verdammt noch mal. Helau!«, schmetterte er fröhlich in den Raum und warf die linke Hand im Stile eines wahren Faschingsprinzen nach rechts oben, sodass Blut an die Deckenverkleidung spritzte. Schwankend griff sich Konrad Schober einen der Stahlrohrsessel, um darin sicher Platz zu nehmen. Das Design des Gestühles war nüchterner als er selbst – aber das war keine Kunst.

Melanie Sitzmann umwickelte den Mikrofonständer mit einem Papiertaschentuch, bevor sie ihrem Chef die Tatwaffe mit sanfter Gewalt aus der Hand nahm. »Die Spurensicherung wird das gar nicht freuen, wenn die merken, dass du die Tatwaffe berührt hast«, nörgelte die Kommissarin ihren Chef an und legte den Ständer vorsichtig auf den Boden neben die Leiche. Vielleicht konnte die Spusi ja doch noch irgendetwas Verwertbares auf der Tatwaffe finden? Als ihr Blick ihren Chef streifte, machte der beduselte Konrad Schober Anstalten, einzuschlafen. Seine Augen waren bereits geschlossen, der schon zuvor geneigte Kopf hatte sich jetzt auf den langen Weg Richtung Sessellehne gemacht.

»He, hallo! Nicht einschlafen!« Sie tätschelte ihrem Vorgesetzten die stoppelige Wange, sodass der erschrocken wieder aufwachte. Melanie Sitzmann zog ein weiteres Taschentuch hervor, um die linke Hand ihres betrunkenen Chefs vom Blut des Ermordeten zu säubern. Sie hatte keine Lust darauf, dass er das Zimmer versauen würde, das hätte ihr gerade noch gefehlt. Die Spurensicherung würde ihnen dann endgültig den Kopf abreißen. Schon lieber würde sie dem Chef die Hände abputzen. Also waren in ihren Erbanlagen doch noch weibliche Gene vorhanden, dachte sie in einem Anflug von Sarkasmus.

Was, zum Teufel, war bloß los mit ihrem Chef? Seit sie unter ihm ihren Dienst tat, und das waren immerhin fast elf Jahre, war Konrad Schober für sie stets ein Ideal gewesen. Aber nicht nur das, er war auch der Prototyp des vorbildlich und erfolgreich arbeitenden Polizisten, ein Leuchtfeuer für ihren Berufsstand. Eine ganze Generation unterfränkischer Kriminalbeamter und -beamtinnen verdankten Konrad Schober ihre fundierte und gewissenhafte Ausbildung. Wer unter ihm in Würzburg gedient hatte, erfuhr an seinem neuen Arbeitsplatz, wo immer in Deutschland der auch sein mochte, sofort eine gewisse Hochachtung. Konrad Schober, Würzburg – der Name galt schon was.

Aber in den letzten Monaten hatte das Denkmal Schober Risse bekommen und zu bröckeln begonnen. Zumindest aus ihrer Sicht. Immer häufiger leistete sich ihr Chef Fehler. Einfache, handwerkliche Fehler, die selbst bei Berufsneulingen der Kripo normalerweise zu heftigen Tadelungen führten. Doch Konrad Schober verzieh man einfach alles. Seine Lebensleistung bei der Würzburger Kripo war einfach zu gewaltig, als dass sie mit einem zertrampelten Tatort oder sonstigen albernen Ermittlungspannen anzukratzen gewesen wäre.

Aber dieser Vorfall jetzt, betrunken am Tatort mit verunreinigter Tatwaffe, der war schon sehr heftig. Wenn ein Täter nicht überführt werden konnte, weil der leitende Kripobeamte am Tatort massiv geschlampt hatte – noch dazu alkoholisiert –, dann bedeutete das richtigen Ärger. Wahrscheinlich war der liebe Konrad endgültig in seiner Midlife-Crisis angekommen, dachte sie mitleidig.

Melanie Sitzmann stöhnte leise in sich hinein. Auch sie hatte Konrad Schober viel zu verdanken, sehr viel sogar, aber dieses wäre es das letzte Mal, das sie ihn retten würde. Und danach war Feierabend, dann musste sich Konrad endlich seinen psychischen Problemen stellen, was auch immer das für welche waren.

Mit der flachen Hand schlug sie ihn auf die linke Backe. Das wirkte. Konrad Schober fuhr erschrocken auf und hielt sich verstört die geohrfeigte Gesichtshälfte.

»Willkommen zurück in der Gnadenlosigkeit des Arbeitsalltags, Herr Kriminalhauptkommissar«, bemerkte sie süffisant und richtete sich wieder auf.

»Das werde ich in deiner Personalakte vermerken, du Früchtchen«, maulte Schober sie lallend an und versuchte sich ebenfalls zu erheben.

Melanie Sitzmann betrachtete die schwankende Figur vor sich und verfluchte den Tag, an dem sie diesen Beruf ergriffen hatte. Der fränkische Fasching allein war schon schlimm genug, auf einen Mordfall mit lallendem Chef konnte sie da gut verzichten. Apropos, der Mord harrte noch immer seiner Aufklärung.

»Weißt du, wer das ist?«, fragte sie Konrad, der inzwischen neben der Leiche stand und den Toten lächelnd betrachtete.

»Klar kenn ich den«, erwiderte ihr Chef grinsend. »Das ist – war – der ›Franken-Dildo‹ aus Kleinochsenfurt. Der schlechteste Büttenredner der Welt. Eine außerordentliche Gnade für diesen Planeten, dass er unschädlich gemacht wurde, bevor er auch dieses Jahr wieder seine dämlichen Un- und Gereimtheiten von sich geben konnte. Nur ein toter Dildo ist ein guter Dildo!« Der deklamierende Kriminalhauptkommissar hob seinen Zeigefinger wieder Richtung Decke, was sofort massive Gleichgewichtsprobleme zur Folge hatte. Melanie sprang an seine Seite und stützte ihn, bevor er umfallen konnte. Zeitgleich brandete in den Mainfrankensälen Applaus auf. Waltraud und Mariechen schienen ihre Show beendet zu haben. Melanie Sitzmann warf einen Blick auf den Ablaufplan, der neben dem großen Garderobenspiegel klebte. Als Nächstes würde die Prinzengarde aus Wipfeld pubertierende fränkische Mädels das Tanzbein schwingen lassen. Genau das Richtige für beschwipste, alternde Elferratsmitglieder des männlichen Geschlechts.

Aber zurück zu diesem Fall des männlichen Geschlechts, Konrad wurde ihr definitiv zu schwer. Gerade noch so schaffte sie es, ihren Chef zurück zu seinem Sessel zu bugsieren, in den er sich stöhnend, aber dankbar hineinfallen ließ.

»Du hast nicht zufällig einen Verdacht, wer diesen Büttenheini zur Strecke gebracht haben könnte, oder?«, fragte sie pflichtbewusst, rechnete aber nicht ernsthaft mit einer sinnvollen Antwort.

Konrad Schober verdrehte die Augen Richtung Decke und brach in lautes Lachen aus. Dann wandte er sich ihr schnaufend und mit tränennassen Augen zu. »Na klar weiß ich, wer das war«, prustete er.

Melanie Sitzmann hob den Blick von ihrem Notizblock. »Du weißt es also? Dann sag schon. Außerdem wäre es äußerst praktisch, wenn du das auch gleich beweisen könntest. Dann könnten wir nämlich ganz schnell wieder von hier abdampfen oder – wer möchte – in Ruhe Fasching feiern, und die Spusi könnte den ganzen Dreck entfernen.« Streng musterte sie ihren Chef.

»Na, ich war's.« Konrad Schober lächelte entwaffnend. »Ich hab den Idioten in die Garderobe gelockt und ihn dann mit einem Mikrofonständer dahingemetzelt.« Zufrieden blickte er auf den Toten in der Raummitte. »Der Trottel stand schon lange auf meiner Liste«, lallte er mit pseudoernstem Gesichtsausdruck. »Und mich wird niemand zu verdächtigen wagen, ich bin ja von der Polizei, einer von den Guten. Helau!« Wieder ergab er sich einem Lachanfall.

Melanie Sitzmann steckte ihren Block weg. War ja eigentlich klar gewesen. Schon als sie die Frage gestellt hatte, hatte sie sie bereut. Es war so gekommen, wie es hatte kommen müssen. Ihr Chef war für seinen gewöhnungsbedürftigen Sarkasmus berühmt, der sich in den letzten Monaten einer dramatischen Verschärfung erfreut hatte. Nun gut, sie hatte verstanden. Er hatte es ja nicht anders gewollt. Sobald die erste Streife eintraf, sollten die Kollegen Schober vom Tatort entfernen, bevor er das ermittlungstechnische Desaster noch vergrößern konnte. Sie würde diesen Fall jetzt selbst in die Hand –

»Was, zum Geier, ist hier los?« Der Leiter der Würzburger Spurensicherung Bernd Werner stand in der weißen Kleidung seiner Zunft im Türrahmen und betrachtete die unwirkliche Szenerie. Als er den angeheiterten Schober entdeckte, der ihn fröhlich angrinste, schwante ihm sofort, was hier im Gange war. Kollege Schober befand sich alkoholisiert am Tatort, und Melanie Sitzmann stand mit ziemlich angefressener Miene daneben. Werner ließ seinen Blick durchs Zimmer schweifen. Sofort entdeckte er die blutigen Spritzer, die an der Zimmerdecke klebten, sowie die Blutspur, die zu Schobers Sessel und wieder zur am Boden liegenden Tatwaffe zurückführte.

»Hat er die Tatwaffe angef…?« Er brauchte seinen Satz nicht zu beenden. Melanie Sitzmanns Blick sprach Bände.

Bernd Werner hatte es satt. Er hatte weiß Gott Besseres zu tun, als sich an Fasching mit einem verunstalteten Tatort herumzuschlagen. Er winkte den beiden Streifenbeamten, die vor der Garderobentür standen. »Schafft mir diesen anarchischen Schwachkopf von Gesetzeshüter aus den Augen und möglichst schnell in sein Bett. Verstanden? Ihr selbst werdet das Haus dieses Faschingsprinzen erst wieder verlassen, wenn er eingeschlafen ist.« Er zog das Ohr eines Polizisten dicht an seinen Mund und flüsterte ihm eindringlich zu: »Und wehe, ihr erzählt irgendwem irgendetwas hiervon. Schober war nie hier, kapiert? Der Ruf der Würzburger Polizei – na, ihr wisst schon.« Erst dann ließ er den Ärmel der Uniform los, und die beiden Streifenbeamten schleppten einen vor sich hin kichernden Kriminalhauptkommissar in Richtung Hinterausgang. Ihre Gesichter zeigten ob der immensen Schober'schen Alkoholfahne einen leicht angewiderten Ausdruck.

»Ei, Dildo, wo biste denn? Du bist fei gleich dro!« Aus den Tiefen der Hallenkatakomben ertönte die Stimme des Regieassistenten des Bayerischen Fernsehens. Melanie Sitzmann eilte dem armen Mann entgegen, um ihm von der unerwarteten, aber wichtigen Programmänderung seiner Live-Sendung zu berichten. Der »Franken-Dildo« aus Kleinochsenfurt hatte seinen letzten Auftritt bereits hinter sich.

Bernd Werner widmete sich derweil dem Tatort. Bereits nach wenigen Minuten war ihm klar, dass seine schlimmsten Befürchtungen eingetreten waren. Überall stieß er ausschließlich auf Fingerabdrücke von Konrad Schober. Auf der Tatwaffe, am Garderobenspiegel, auf der Türklinke, nichts hatte der Kriminalkommissar unangefasst gelassen. Die Spuren des Täters waren unwiederbringlich zerstört. Wut kochte in ihm hoch. Das war jetzt das endgültig letzte Mal, dass er Konrad Schobers dämliche, wovon auch immer motivierte Schwachsinnigkeiten decken würde. Das hier war immerhin die Kriminalpolizei, verdammt noch mal, kein Kindergarten. Aber für Kollege Konrad schien alles nur noch ein Spiel zu sein. In den nächsten Tagen würde er ein paar sehr ernste Worte mit seinem Freund und langjährigen Kollegen wechseln müssen. So konnte das nicht weitergehen, Himmelherrgott, dachte Bernd Werner verbittert und begann die Sessellehne mit dem Puder einzupinseln, der im UV-Licht leuchtete.

Konrad Schober wurde von den zwei Polizeibeamten in seine Wohnung in die Würzburger Zellerau gebracht. Nachdem er ihnen lallend und lächelnd versichert hatte, auch ganz bestimmt gleich ins Bett zu gehen, waren sie bereitwillig abgezogen. Nun saß er nachdenklich, frustriert, mit einem fränkischen Rotwein in der Hand und mit angezogenen Beinen auf dem frisch bezogenen Bett. Er musste es endgültig aufgeben. Er hatte versagt. Er, der glorreiche Übervater der nordbayerischen Polizeiausbildung, hatte nur Idioten und Versager herangezogen. All sein Engagement für den kriminalistischen Nachwuchs, es hatte nur Dilettanten hervorgebracht. Frustriert nippte er an seinem Rotwein.

Er hatte jetzt genug davon, dass sie nicht einmal die größten Offensichtlichkeiten begreifen wollten. Er war allein im Raum gewesen, hatte mit der Tatwaffe in der Hand über die Leiche gebeugt dagestanden, es gab haufenweise Fingerabdrücke – ausschließlich seine –, und er hatte ein Motiv. Er hatte ihnen alles auf einem Silbertablett serviert, hatte um die Verhaftung regelrecht gebettelt, aber nichts war passiert. Nichts. Sie hatten ihn nur nach Hause gebracht. So wie auch nach seinen anderen vier Morden, die er in den letzten Monaten begangen hatte. Gut, am Anfang waren seine Hinweise vielleicht etwas zu dezent gewesen, aber heute, mit einem Geständnis im Beisein des Fernsehens … Nicht einmal dann hatten sie es geschnallt!

Dann eben nicht. Ab morgen würde er wieder Dienst nach Vorschrift schieben und auf seine Pensionierung warten. Er leerte das Glas in einem Zug, schaltete den Fernseher ein und wählte das Dritte Programm. Dann würde er den Veitshöchheimer Fasching eben im Fernsehen zu Ende schauen. Auch recht. Hoffentlich würde es noch eine Darbietung mit Stil und Niveau geben. Beim Fasching in Franken waren solche Aufführungen ja eine ausgesuchte Seltenheit. Aber die Chancen standen heute gar nicht schlecht. Der »Franken-Dildo« aus Kleinochsenfurt konnte immerhin kein stimmungsmäßiges Unheil mehr anrichten. Nie wieder.

Lächelnd schenkte Schober sich Rotwein nach. Helau!

Ärbed

Aufstehn
Fraa
Schreierei
Kinner
Schreierei
laut
naus
schnell
fort
November
Nebel
grau
Ärbed
Ärbed
Ärbed
Ärbed
Brotzeit
Ärbed
Ärbed
Ärbed
Mittag
Ärbed
Ärbed
Ärbed
Ärbed
Ärbed
ferdich
Feierabend
November
Nebel
grau
Heim
Kinner
Fraa

laut
Schreierei
Kinner
Fraa
Heulerei
Brüllerei
Heulerei
Der Tropfen
zu viel
im Fass
Überlaufen
Sicherung
aus
Rausch
Küche
Messer
Wut
Rausch
Blut
viel
Blut
tot …
alle
Kinner
Fraa
tot
Zittern
Händ
dreckig
Waschen
Klo
Warten
Grübeln
müd

leer
verreggd ...
Kühlschrank
Bier
Fernseher
Fernseher
Fernseher
Bier
Bier
Keller
Pistole
Nahocken
Bier
Abdrücken

Ruhe
endlich

Ich weiß nicht, wohin Gott mich führt;
aber wenn er diese Richtung beibehält,
schlage ich vor, dass er allein weitergeht.
Bruno Bettelheim

Alles auf Anfang

Was bisher geschah:

Sie erhoben sich vom Boden des Raumschiffes, um dann unverzüglich ihre Gesichter auf den Retinascanner zu legen. »*Muster erkannt*«, *sagte die sanfte weibliche Stimme des Bordcomputers. Eine Sekunde später erschien das fröhliche Gesicht von Professor Julius Wehrfritz im riesigen Display der Panoramascheibe des Kommandoraumes. Eva Wehrfritz schrie erschrocken auf, und ihre Hand flog instinktiv vor ihren Mund, während Lukas Palatiner verblüfft dastand und der Dinge harrte, die da kommen sollten.*

»*So, ihr beiden, dann habt ihr es ja geschafft*«, *tönte die laute, fröhliche Stimme des verstorbenen Professors aus den Lautsprechern. Wie zur Bestätigung fiel durch den ungewohnten Schalldruck dem Skelett auf dem Sessel neben ihnen eine Hand ab.*

Der Professor plauderte locker weiter. »*Liebe Eva, lieber Lukas, sicher werdet ihr schon gemerkt haben, dass ihr die letzten lebenden Menschen in diesem Raumschiff seid. Alle anderen Mitreisenden sind durch meine tätige Mithilfe bereits sanft entschlafen. Dass auch ich tot bin, liegt ja auf der Hand beziehungsweise auf dem Sessel vor euch.*« *Schallendes Gelächter brandete durch den Raum, und das Sesselskelett löste sich in seine Bestandteile auf.*

»*Er hatte schon immer einen seltsamen Humor, mein lieber Papa*«, *kommentierte Eva Wehrfritz trocken, während der bleiche Kopf des toten Genies durch die Kommandozentrale rollte und mit einem leisen* »*Pock!*« *von der Lifttür gestoppt wurde.*

»*Bitte autorisieren Sie sich*«, *ließ sich sofort eine weibliche Stimme vernehmen, aber niemand achtete auf sie.*

»*Nun, ihr zwei Hübschen*«, *fuhr der Professor immer noch leicht amüsiert fort,* »*ihr seid jetzt die Einzigen. Adam und Eva sozusagen. Als dieses Experiment zuletzt mit uns Menschen durchgeführt wurde, ging das böse aus. Die Menschheit hatte nichts Besseres zu tun, als sich die eigene Lebensgrundlage zu entziehen* und dann, als der eine Aschenbecher voll war, sich einen neuen zu suchen, statt mit dem Rauchen aufzuhören. Bildlich gesprochen, natürlich. Ich habe mir die Freiheit genommen, den Rest des Weltalls vor unserer selbstzerstörerischen Spezies zu retten. Ich kann mir keinen Grund vorstellen, warum ein wunderschöner Planet wie Gipsy mit Lehrern, Politikern und Investmentbankern bevölkert werden muss. Ich denke, es ist Zeit für einen Neuanfang.«

Mit sanfter Stimme fuhr er fort: »Liebe Eva, gräme dich nicht. Mir geht es jetzt gut, sehr gut sogar, und ich hoffe, dass dir ein ähnlich ereignisreiches Leben wie mir beschert sein wird. Aber da habe ich eigentlich keine Zweifel.« Er grinste, nahm einen tiefen Schluck aus seinem Bierkrug und rülpste kurz und zufrieden.

»Du, lieber Lukas, bist nach Auskunft meines Computers derjenige an Bord, der genetisch am besten zu meiner geliebten Tochter passt. Das heißt, dass auf den Rest der Menschheit getrost verzichtet werden kann. Mit dieser hübschen blonden Frucht meiner Lenden wirst du die ersten Gipsy-Kinder zeugen, eine Familie gründen, die kleinen Kröten aufziehen und so weiter und so fort. Der Rest ist ja hinlänglich bekannt, geht mich aber schlussendlich nichts mehr an. Apropos Rest. Ihr braucht nicht auf Raumschiffe mit anderen ehemaligen Erdenbürgern zu warten, die womöglich nachkommen und euch die Stimmung vermiesen könnten. Wie ihr wisst, habe ich die Raumschiffe im Wesentlichen konstruiert und in dieser Eigenschaft Vorkehrungen getroffen, die euch beiden ein ungestörtes Beisammensein auf Gipsy ermöglichen.« Professor Wehrfritz grinste zufrieden.

»Das war's jetzt eigentlich. Wenn ihr diese Botschaft erhaltet, bin ich vermutlich schon über hundert Jahre tot, doch bis zu meinem nicht mehr in großer Ferne liegenden Lebensende werde ich mir als Franke die Zeit mit meiner liebsten Nebenbeschäftigung vertreiben: dem Bierbrauen. Dann macht's gut, aber vor allem besser als eure dämlichen Vorfahren.« Mit einem schelmischen Augenzwinkern hob er ein letztes Mal den wohlgefüllten Krug – und der Bildschirm erlosch.

Zeitgleich wurde vom Zentralcomputer des Raumschiffs mit dem Namen »Franken« ein codiertes Signal in die Unendlichkeit *des Weltalls geschickt. Wenig später versagten in den Rolls-Royce-Triebwerken der restlichen Auswandererschiffe sehr kleine, eigentlich unwichtige elektronische Bauteile, und die gesamte gespeicherte Energie für die Reise zur neuen Heimat wurde mit einem Schlag in die überforderten Triebwerke entlassen. Ein Schiff nach dem anderen zerstob im Weltraum zu einem wunderschönen, gigantischen Feuerball, während zur gleichen Zeit der letzte Mensch auf der Erde in einer säureresistenten Wohnkuppel sein Leben aushauchte.*

(Helmut Vorndran, »Gipsy«, Tatort Franken 2)

Das gigantische Raumschiff stand bewegungslos im Orbit des grünblauen Planeten. Auf Gipsy herrschten im Schnitt etliche Grad höhere Temperaturen. Der Tagesdurchschnitt, den die Sonne auf dem in türkisen Farbvariationen schimmernden Planeten erzeugte, bewegte sich nach den Angaben der Sensoren des Raumschiffes ganzjährig zwischen fünfunddreißig und fünfundvierzig Grad Celsius.

Wasser war, zum Glück, mehr als genug vorhanden. Zwar handelte es sich um nur etwa ein Drittel der Menge, die es einmal auf der Erde gegeben hatte, aber dafür war es sauberes Süßwasser und nicht diese dreckige, ätzende Brühe, die inzwischen die Ozeane der Erde darstellte. Alles in allem ein durchaus einladender Planet. Die Fernortung und die jahrzehntelangen Auswertungen der Wissenschaftler lagen also durchaus im Rahmen der vorgefundenen Tatsachen.

Im kilometerlangen, zylindrischen Rumpf der »Franken« öffnete sich nun eine kleine Schleuse von fünfundvierzig mal siebzig Metern, und ein Erkundungsboot der Hesselbergklasse wurde sanft in den Weltraum katapultiert. Kurz darauf verließ es die Kreisbahn im Orbit, änderte seine Richtung und steuerte auf den Äquatorbereich des neuen Planeten zu. Eva Wehrfritz saß im Kommandosessel und konzentrierte sich auf die Landungsdaten, die ihr der Computer übermittelte, während Lukas Palatiner aufmerksam die Ergebnisse studierte, die in kurzen Abständen von der Gipsy-Oberfläche übermittelt wurden. Zwischenzeitlich schaute er immer wieder zu der blonden Kommandantin des kleinen Erkundungsbootes hinüber. Sie war von ihrem Vater bestens auf diese Mission vorbereitet worden, daran hatte er keinen Zweifel. Der verblichene Professor Wehrfritz hatte für eine alles umfassende Ausbildung seines Töchterchens gesorgt. Die erst dreißig Jahre junge Dame war bereits im Besitz von drei Doktortiteln, die sie vorschriftsmäßig erworben hatte, ohne Abschreiben von anderen Quellen, was bei fränkischen Doktoren ja nicht immer zwingend der Fall ist.

Hinzu kam, dass Eva auch noch richtiggehend hübsch war. Zwar mit einem leichten sportlich-herben Einschlag, aber durchaus attraktiv.

Allerdings war sie auch eine furchtbare Klugscheißerin. Der dunkelhaarige und klein gewachsene Palatiner verzog bei diesem Gedanken unwillkürlich das Gesicht. Wahrscheinlich war er für Eva nur ein alberner, kleiner Ingenieur aus Südtirol mit alpiner Kletterausbildung. Es hatte überhaupt keinen Sinn, mit dieser Frau zu diskutieren, die sowieso alles besser wusste, und typisch männliche Wissensdomänen wie Fußballstrategien, Biersorten oder die Kunst des rückwärtigen Einparkens waren im Moment nicht besonders gefragt. Noch nicht. Aber er würde sich schon etwas einfallen lassen, und irgendwann würde er, Lukas Palatiner, diese Superschnecke, die da neben ihm saß, beeindrucken können. Schließlich bestand ihre wichtigste Aufgabe ja darin, sich fortzupflanzen, sonst würde es mit der Menschheitsgeschichte vorbei sein. Alles, was sich von der ehemals dreiundzwanzig Milliarden Menschen umfassenden Erdbevölkerung auf die Auswandererschiffe hatte retten können, war dank Professor Wehrfritz' computertechnischer Tricksereien im luftleeren Raum der Milchstraße verglüht. Die Tochter des Professors und er waren die letzten Überlebenden der coolen Gang, die sich Menschheit nannte.

»Okay, ich glaube, ich habe einen Landeplatz gefunden«, sagte die blonde Kommandantin mit leicht rauchiger Stimme. »Da gibt es eine flache Ebene, von der aus man eine weite Sicht hat, und Wasser ist auch nah. Dort werden wir landen.« Eva Wehrfritz' Tonfall war nüchtern und bestimmt.

»Sehr wohl, Bwana«, stichelte Palatiner, während er die gut gebaute Gestalt in dem eng anliegenden Oberteil aus Latex betrachtete.

Die Miene von Eva Wehrfritz verdunkelte sich augenblicklich. Sie kannten sich gerade mal zwei Wochen, und trotzdem hatte sie schon unzählige sinnlose Debatten mit diesem kleinen Rechthaber ausfechten müssen. Mein Gott, sie waren die letzten Überlebenden der Menschheit und mussten in Kürze auf einem unbekannten Planeten landen. Da galt es, haufenweise wissenschaftliche Probleme zu lösen und nicht einen auf Beziehung zu machen. Natürlich wusste sie, dass sie irgendwann einmal Kinder zur Welt bringen musste, die, mangels Auswahl, von diesem klugscheißenden Dauergrinser gezeugt werden würden. Dabei fand sie ihn nicht direkt unsympathisch oder hässlich, aber jetzt ging es zuvorderst um die Reihenfolge, um logische Abläufe. Die lagen für sie vollkommen klar und deutlich auf der Hand, für diesen Palatiner aber offensichtlich eher im Bett.

Zudem konnte sie es nicht ausstehen, wenn man ihren offensichtlichen Wissensvorsprung infrage stellte. Zwei mal zwei macht vier. Das war ein Axiom, ein nicht mehr beweispflichtiger Grundsatz, eine feststehende Tatsache, über die nicht mehr diskutiert werden musste. Genauso wie über ihre intellektuelle Überlegenheit.

Aber dieser Südtiroler wagte es immer wieder, in ihren Argumentationsketten herumzusticheln, bis sie völlig entnervt war. Sie verfluchte ihren Vater. Wieso hatte er ausgerechnet diesen Pflanzenproleten, diesen Biologen aussuchen müssen? In den Tiefen der Datenbanken hätte sich doch mit Sicherheit besseres Genmaterial finden lassen. Ein netter Ingenieur oder Chemiker vielleicht, mit dem sie sich intellektuell auf Augenhöhe duellieren konnte.

»Also, was is jetzt, Schätzchen, landen wir oder nicht?«

Der bissige Kommentar ihres Lebensgefährten holte sie in die Wirklichkeit zurück.

»Ich kann dir das Ding auch gern rückwärts einparken, wenn's dir zu kompliziert wird, Eva.« Lukas Palatiner hatte die Arme hinter seinem Kopf verschränkt und grinste sie frech von der Seite an.

Die kurzhaarige blonde Steuerfrau schloss für einen Moment resigniert die Augen. Nicht schon wieder. Einer der größten Momente, die man als Mensch erleben durfte, stand unmittelbar bevor, und dieser Ignorant hatte nichts Besseres zu tun, als Machosprüche abzusondern. Aber sie hatte keine Zeit, sich ihrem feministischen Ärger weiter hinzugeben. Die Wolken auf Gipsy hingen durch die geringere Schwerkraft und die etwas dünnere Atmosphäre tiefer als auf der Erde, und das Erkundungsboot durchstieß gerade diese Wolkenschicht. Eva Wehrfritz und Lukas Palatiner waren nach so langer Zeit froh, überhaupt wieder Wolken zu sehen.

Dann lag zum ersten Mal die Oberfläche des Planeten Gipsy vor ihnen. Die Farbe Grün beherrschte den Planeten, so weit das Auge reichte. Es war ein anderes Grün als das, das sie von der Erde her kannten. Es schillerte türkisfarben und fluoreszierte an manchen Stellen sogar. Wie die Wissenschaft bereits herausgefunden hatte, musste die Farbe von pflanzlichen Organismen stammen, die mit einem chlorophyllähnlichen Prozess Sauerstoff produzierten – und zwar mehr als auf der Erde. Zudem war in der Atmosphäre ein auffallend hoher Anteil an Edelgasen vorhanden, vor allem an Helium. Das Erkundungsboot sank immer tiefer, sodass auch Palatiner jetzt die angedachte Landestelle erkennen konnte: ein etwas erhöhtes Felsplateau, das in einer leichten Kurve zum Strand einer kleineren Wasserfläche abfiel. Eva Wehrfritz steuerte den Transporter exakt Richtung geografische Mitte des Plateaus. Für den eigentlichen Landevorgang war zum guten Schluss wieder der Computer verantwortlich. Mit einem leichten Wippen nahm das Raumschiff mit dem Boden Kontakt auf, die tellerförmigen Füße verankerten sich mit dem felsigen Untergrund, und der Magnetkissenantrieb schaltete sich automatisch ab.

Ein feierliches Gefühl bemächtigte sich Lukas Palatiners, das aber sofort von seiner Blondine zerstört wurde. »So viel zum Thema Einparken.« Er schnaufte hörbar durch, während sie sich triumphierend abschnallte.

Dann taten sie beide das, was jeder normale Mensch in ihrer Situation wohl als Erstes getan hätte. Sie schauten durch die Fenster ihres gelandeten Raumtransporters hinaus auf ihre neue Heimat, auf den einzigen bewohnbaren Planeten des Doppelsonnensystems Regulan.

»Okay, wer geht zuerst raus?«, fragte Palatiner und brach das andächtige Schweigen. Als er keine Antwort erhielt, drehte er sich um und stellte mit einem spöttischen Klang in der Stimme fest: »Na, wahrscheinlich darf ich, oder? Der Mann muss doch immer zuerst vor die Tür, um zu sehen, ob da nicht irgendwelche Verbrecher oder wilde Tiere lauern.« Er grinste sie frech an. Irgendwann würde er sie schon noch aus ihrer emotionalen Festung locken. Und dann würde sie froh sein, ihn, Lukas Palatiner, an ihrer Seite auf diesem fremden, wilden –

»Natürlich gehst du zuerst raus«, sagte Eva Wehrfritz nüchtern und riss ihn aus seinen strategischen Überlegungen. Freudig überrascht schaute er sie an. Sollte er so schnell recht behalten? »Du bist entbehrlich, ich nicht.«

Palatiners Gesichtszüge erstarrten und signalisierten einen sehr unzufriedenen Gemütszustand, der sich nach der folgenden Aussage seines Weibchens erneut verschlechterte.

»Es ist ganz einfach«, sagte sie emotionslos, »sterbe ich, dann ist es vorbei. Du wirst niemals schwanger werden, geschweige denn ein Kind austragen. Wenn du stirbst, kann ich dir immer noch dein Sperma entnehmen und mich selbst befruchten. Also ist es in jedem Fall besser, wenn du zuerst aussteigst. Und weil wir grad darüber reden, versuche bitte nicht von einem größeren Raubtier gefressen zu werden. In dem Fall kann ich deine Spermien nämlich abschreiben.«

Lukas Palatiner blickte sie ungläubig an, während sich Eva Wehrfritz bereits wieder der Auswertung der Daten widmete, die ihr die außen am Transporter angebrachten Sensoren lieferten. Das konnte doch wohl nicht wahr sein! Lukas Palatiner war empört. War er für dieses arrogante, promovierte Weibsstück tatsächlich nur eine Anhäufung von Zellen und Chromosomen? Besaß die Wehrfritz denn so überhaupt keine weibliche Seele?

Kopfschüttelnd wandte er sich ab und begab sich in den hinteren Teil des kleinen Raumschiffes, um sich einen passenden Überlebensanzug zu greifen. Die grünen Einteiler mussten doch irgendwo da links in den Schränken hängen …

Eva Wehrfritz konzentrierte sich auf ihre wissenschaftliche Arbeit. Die exakte Auswertung der Daten würde eine ganze Weile in Anspruch nehmen, aber die Ergebnisse schienen, soweit sie sie bereits überflogen hatte, im Rahmen dessen zu liegen, was man sich von Gipsy erwartet hatte.

Der terrestrische, also erdähnliche Planet Gipsy hatte einen Durchmesser von knapp hunderttausend Kilometern bei einem Abstand zur Sonne, die er umkreiste, von circa hundertzwanzig Millionen Kilometern. Einen Mond besaß Gipsy nicht, dafür jedoch einen Roten Riesen im recht nahe gelegenen Sonnensystem Dädalus, der ab und zu wie eine große, rot leuchtende Weihnachtskugel am Nachthimmel aufzutauchen pflegte.

Der Tag dauerte fast genau sechsundsiebzig Erdenstunden, die Nächte, die von der roten Nachbarsonne ab und zu diffus erleuchtet wurden, genauso lange. Da Gipsy sich nicht durchs Weltall drehte wie die Erde, gab es auch keine Jahreszeiten. Sie waren im ersten Viertel der Tagphase gelandet, es würde also noch über sechzig Stunden hell sein.

Sie studierte die Daten genauer und stellte erste Berechnungen an, was die stellaren Grundwerte betraf. Der Umlaufsinn Gipsys war rechtsläufig, sodass sie sich, vom Nordpol der Bahnebene aus gesehen, entsprechend der Regel der Drehrichtung in diesem Sonnensystem dem Uhrzeigersinn entgegengesetzt um die Sonne bewegten. Die Bahnebene des Planeten, die Ekliptik, neigte sich um nur ein Grad gegen die Äquatorebene der Sonne. Gipsy rotierte rechtsläufig – in Richtung Osten – in 75 Stunden, 56 Minuten und 4,09 Sekunden um seine eigene Achse.

Durch die Geschwindigkeit der Eigenrotation und der dadurch bedingten Fliehkraft war Gipsy an den Polen geringfügig abgeplattet und dafür an seiner Mitte zu einem sogenannten Äquatorwulst verformt – in allerdings weitaus geringerer Aus-

213

prägung, als dies bei der Erde der Fall war. Gegenüber einer volumengleichen Kugel war der Radius von Gipsy am Äquator fünf Kilometer größer und der Polradius zwölf Kilometer kleiner. Der Durchmesser am Äquator übertraf den von Pol zu Pol um etwa siebenunddreißig Kilometer.

Gipsy bestand hauptsächlich aus Eisen (39,1 Prozent), Sauerstoff (41,1 Prozent), Silizium (10,1 Prozent), Magnesium (2,9 Prozent), Kohlenstoff (1,9 Prozent) und Edelgasen (1,8 Prozent), die restlichen Prozente teilten sich Spuren von anderen Elementen.

Nach ersten seismischen Messungen besaß Gipsy drei Schalen. Den Kern, den Mantel und die Kruste, doch im Gegensatz zur Erde waren diese nicht durch seismische Diskontinuitätsflächen voneinander abgegrenzt. Die Kruste und der oberste Teil des letzten Mantels bildeten zusammen die sogenannte Lithosphäre, die zwischen achtzig und hundertzwanzig Kilometer dick und eine tektonische Einheit war. Durch die enorme Dicke des äußeren Mantels waren keine vulkanischen Aktivitäten festzustellen.

Die Wasserfläche nahm einen Gesamtanteil von 34,7 Prozent ein und teilte sich auf zwei Ozeane einschließlich Nebenmeere sowie unzählige Seen aller Größenklassen auf. Die tiefste Stelle des Planeten lag bei dreitausendvierunddreißig Metern unter Normalnull, die durchschnittliche Meerestiefe betrug neunhundertachtzig Meter. Der Anteil der Landfläche umfasste 65,3 Prozent, wovon der größte Teil hauptsächlich auf drei unterschiedlich große Kontinente entfiel. Die Gipsy-Atmosphäre streute den kurzwelligen blauen Spektralanteil des Sonnenlichts etwa sechs Mal stärker als den langwelligen roten und bedingte dadurch bei hohem Sonnenstand eine extrem ausgeprägte Blaufärbung des Himmels.

Die Sonne Regulans, die im Laufe ihrer stellaren Entwicklung erst in etwa sieben Milliarden Jahren zum Roten Riesen werden würde – das Schicksal, das alle derartigen Sterne ereilte, sobald ihr Wasserstoff verbrannt war –, würde also noch lange genug Energie spenden können, bevor Gipsy schließlich in die Atmosphäre des Roten Riesen gelangte und dabei zerstört wurde.

Eva Wehrfritz sah Lukas Palatiner in seinem grünen Ganzkörperkondom heranschlurfen, lehnte sich zurück und betrachtete ihn eingehend.

»Ah, da ist ja unser mutiger Auswanderer«, spottete sie. Lukas Palatiner stand nun mit einem kugelförmigen Glashelm unter dem Arm neben ihr. Ein bisschen ähnelte er einer Schmetterlingsraupe, die in Kürze schlüpfen würde. Eigentlich war er ja ganz goldig, dieser Südtiroler, aber sie durfte sich nicht gehen lassen, musste die Kontrolle behalten. Wenn sie es nicht tat, wer dann? Sie hatte keine Zeit für Blödeleien. »Ist unser tapferer, männlicher Erstbetreter also bereit für diesen historischen Schritt?«

Der Angesprochene verzog das Gesicht. Das war nicht fair, verarschen konnte er sich selbst. Vor allem war *er* doch eigentlich für das Lästern zuständig. Doch er schwieg, weil ihn eine gewisse Nervosität befallen hatte. Schließlich geschah es nicht allzu häufig in einem kurzen Menschenleben, dass man als Erster einen fremden Planeten betreten durfte.

»Wie sind denn die Auswertungen verlaufen?«, drehte er kurz entschlossen den Spieß um. »Muss ich mit einer Grippe, Pest oder irgendwelchen aggressiven Schmetterlingen rechnen, wenn ich da draußen rumspaziere, Chefin?«

Eva Wehrfritz schaute ihn streng an. Jetzt war nicht der Moment für Flapsigkeiten – wobei ihr der Titel der Chefin aus seinem Munde durchaus gefiel. »Die Sensoren haben nichts gefunden. Und mit nichts meine ich auch nichts. Außer aus der schon bekannten Gaszusammensetzung besteht die Gashülle des Planeten aus vernachlässigbaren Staubpartikeln. Die Atmosphäre enthält also keine bestialischen Killerviren und schon gar keine bösen Fluginsekten, die sich von hinten in dein Gärtnerkostüm fressen könnten. Bist du jetzt beruhigt, oder soll ich dir das Händchen halten, wenn du die Außentreppe runterbibberst?«

Lukas Palatiner gab es auf. Zumindest vorläufig. Es hatte keinen Sinn, mit diesem personifizierten Skalpell eine Konversation auf menschlichem Niveau führen zu wollen. Wortlos drehte er sich um, setzte seinen Glaskugelhelm auf den Anzug und drückte einen leuchtenden Knopf, sodass sich die Tür der Ausstiegsschleuse öffnete. Für mehrere Sekunden wurde er mit blauem Desinfektionslicht bestrahlt, dann ging auch die Außenschleuse auf. Vor ihm breitete sich ein gigantisches Panorama aus. Das beigefarbene Steinplateau, auf dem das Raumschiff gelandet war, fiel nach wenigen Metern zu einer großen, seeartigen Wasserfläche ab. Das Licht der Regulansonne war grell, und wenn Lukas Palatiner nach oben sah, blickte er in einen strahlend blauen, wolkenlosen Himmel. Was für ein erhebender Moment!

»Was ist jetzt, mein heldenhafter Ritter? Steigst du aus oder nicht?«, konnte er Evas ungeduldige Stimme durch die Interkom-Verbindung hören.

»Bin schon unterwegs«, knurrte er zurück. Als er sich auf seinen Abstieg mittels der einfachen Außenleiter konzentrierte, spürte er die etwas geringere Gravitationskraft des Planeten im Vergleich zur Erde. Bevor er die letzte Sprosse erreicht hatte, überkam ihn erneut die andächtige Stimmung. Ihm wurde bewusst, was für ein geschichtsträchtiges Ereignis bevorstand. Er konnte doch nicht einfach wortlos diesen neuen Planeten betreten, dachte er fast ehrfürchtig. Er brauchte ein passendes Statement für die Geschichtsbücher der restlichen Menschheit, auch wenn diese im Moment nur noch aus einer emotionalen Festung in Form einer einzigen Frau bestand. Er musste nur kurz überlegen, bis ihm die richtigen Worte eingefallen waren.

»Dies ist ein kleiner Schritt für mich«, begann er mit beschwörender Stimme, »aber ein großer Schritt für –«

»Lukas!«, wurde er über Interkom unterbrochen.

»Ja, äh, was ist denn?«, fragte er verwundert.

»Hör auf mit dem Quatsch. Deinen pathetischen Scheiß kannst du ein anderes Mal loswerden. Wir sind Wissenschaftler und zum Arbeiten hier. Zuerst brauche ich die Bodenproben, kapiert? Hast du deinen Exkursionskoffer dabei?«

Lukas Palatiner kappte die Verbindung. Genug war genug. Er war doch kein Depp, diese Frau konnte ihm ab sofort die Schuhe aufblasen! Er sprang mit einem kleinen Satz von der untersten Leitersprosse. Er, Lukas Palatiner, stand in diesem Moment als erster Mensch auf einem anderen Planeten in einem anderen Sonnensystem. Trotz der blonden Ignorantin, die dreizehn Meter über ihm wie ein Berserker gegen die Frontscheibe der Kommandokabine trommelte, stellte sich ein feierliches Glücksgefühl ein.

Mit diesem Gefühl in der Brust und dem Raumschiff im Rücken marschierte er auf den Rand des Felsplateaus zu, das in einem seltsamen Türkis schimmerte. Der Farbton zog sich in verschiedenen Variationen bis zum Horizont hin. Unterbrochen wurde er nur von der Wasserfläche, die glatt wie ein Spiegel etwas tiefer eingebettet in der schillernden Umgebung lag. Der studierte Agrartechniker kniete sich hin und befühlte vorsichtig die Oberfläche des dünnen Bewuchses auf den sanften Rundungen der Steine. Es fühlte sich durch die Handschuhe an wie vertrocknetes Moos, fast wie Kunstrasen auf einem Fußballfeld. Durch die Berührung zerfiel das Gewächs sofort. Die korallenartige Struktur zerbröselte in seine anscheinend trockenen Bestandteile.

Aha, schlussfolgerte Lukas Palatiner, nicht besonders widerstandsfähig gegen äußere Einflüsse. Das konnte einerseits bedeuten, dass die Atmosphäre wenig bis keine dramatischen Wetterphänomene wie Wind, Schlagregen, Hagel oder Sturm produzierte, andererseits konnte man davon ausgehen, dass es keine größeren Tiere gab, die sich über derartig fragile Oberflächen bewegten.

Nachdem er die Pflanzenbrösel sorgfältig eingesammelt hatte, machte er sich auf den Weg bergab zum Wasser. Das würde interessant werden. Gab es Leben in diesem See? Und wenn ja, wie sah ein solches aus? Er warf noch einen kurzen Blick zurück zum Raumtransporter, in dem Eva nicht mehr hinter der Scheibe zu sehen war. Irgendwie tat sie ihm auch leid. Da sprach ihr eigener toter Vater in einer Videobotschaft zu ihr, während gleichzeitig sein Skelett neben ihr durch den Raum bollerte. Und dann musste sie auch noch mit der Tatsache fertig werden, dass außer ihr von der Menschheit als solcher nur noch ein weiteres Restexemplar übrig war, mit dem sie sich ungefragt fortzupflanzen hatte. Wahrscheinlich kam ihr genetisches Programm

217

mit alldem nicht klar. Als Weibchen musste man ja eigentlich zuerst die Auslage der potenziellen Partner testen und dann den augenscheinlich Besten davon auswählen. Aber in ihrem Fall beschränkte sich die Auswahl auf ihn allein. Es gab keine Auslage, keine Alternative. War ja klar, dass die Gesamtsituation einige Turbulenzen in ihrem Seelenleben verursachte.

Am See schaute er in das glasklare Wasser. Sein Gesicht spiegelte sich in der bewegungslosen Oberfläche. Lukas Palatiner sah übermüdet aus. Er hatte Ringe unter den Augen, und im Gesicht sprossen dunkle Bartstoppeln. Die schwarzen Locken könnten auch mal wieder geschnitten werden, dachte er sich, dann schaute er hoch und über den See an das andere Ufer. Alles an dieser Umgebung wirkte friedlich. Eine tiefe Ruhe kehrte in ihm ein.

Plötzlich tippte ihm jemand von hinten auf die Schulter. Die Berührung hatte etwas unangenehm Drängendes. Als er sich umdrehte, stand ihm eine grüne Raupe mit einer Glaskugel auf dem Kopf gegenüber. Das blonde Wesen hatte einen puterroten Kopf und schrie etwas Unverständliches, sodass trotz der hohen Außentemperatur die Innenseite des Helmes im Mundbereich beschlug. Der grüne Handschuh, in dem die rechte Hand der Raupe steckte, fuchtelte wild in der Luft herum und deutete zwischendurch hektisch auf die Seite des Helmes, wo sich die Interkom-Verbindung befand. Insgesamt machte die selbsternannte Expeditionsleiterin einen eher derangierten Eindruck.

Lukas Palatiner musste grinsen. Sehr breit sogar, was die Bewegungen der grünen Ärmchen zu noch größerer Fuchtelei animierte. Aber er hatte keine Lust mehr auf diesen Stress. Dieser Planet war der friedlichste Ort, den er in seinem gesamten bisherigen Leben kennengelernt hatte. Und das wollte etwas heißen, schließlich hatte er alle wichtigen Gipfel der Dolomiten bestiegen. Er fasste einen spontanen, höchst unwissenschaftlichen und vor allem riskanten Entschluss. Mit einer ruhigen Bewegung führte er die linke Hand an den Kragen des Überlebensanzuges und zog am Hebel des Bajonettverschlusses. Leise zischend entwich die Erdatmosphäre mit leichtem Überdruck aus dem Inneren des Anzuges. Seine beiden Hände wollten den

Glaskugelhelm von seinen Schultern heben, doch bevor er seinen Plan in die Tat umsetzen konnte, machte die grüne Raupe einen Schritt auf ihn zu und versuchte ihn daran zu hindern. Ruhig griff er nach Evas Händen und drückte sie langsam, aber konsequent von sich weg.

Er wusste, dass sein Plan gegen alle Regeln verstieß. Natürlich hatten sie erst einmal einige Monate alles erforschen, ergründen, testen wollen. Aber in diesem Moment war es ihm egal.

Er nahm den Helm ab und war sofort von der Atmosphäre Gipsys umgeben. Sie war heiß, sehr heiß. Heiß und trocken. Und, verdammt noch mal, es war unglaublich hell hier. Ohne den Helm und dessen UV-Filter musste er beide Augen eng zusammenkneifen. Dann atmete er tief durch. Erst roch er nichts, doch dann nahm er einen leichten, aromatisch zimtartigen Geruch wahr. So duftete seine Südtiroler Heimat an Weihnachten. Er lachte. Es würde ihn nicht wundern, wenn gleich ein Schlitten mit Geschenken um die Ecke biegen würde. Noch immer lachend ließ er seinen Helm in den Kies des schmalen Strandes fallen. Als sein Blick den von Eva hinter ihrer Glasscheibe traf, sah er, dass diese weinte. Die Tränen liefen ihr in Sturzbächen über die Wangen. Er wusste ihre Reaktion nicht zu deuten. Kurz entschlossen öffnete er den Verschluss ihres Helmes. Sie machte keinerlei Anstalten, sich zu wehren, und Sekunden später kullerte ihr Helm in den Kies und kam neben dem seinen zum Liegen.

Er sah, wie sie mit einem leisen Stöhnen den ersten tiefen Atemzug tat. Als er Eva Wehrfritz in den Arm nahm, brach alles aus ihr heraus, was sich in den letzten Tagen, Wochen und Monaten aufgestaut hatte. Schluchzend klammerte sie sich an ihn.

»Du verdammtes Arschloch! Du kannst mich doch nicht so einfach ohne Funkverbindung in dem Raumschiff lassen. Ich hab mir Sorgen gemacht, du Idiot. Und dann warst du auch noch hinter dem Abhang verschwunden. Du hättest in diesem unheimlichen See ersaufen können, verdammt noch mal!«

Ihre Tränen perlten an seinem Überlebensanzug ab, während er ihr, noch immer lächelnd, beruhigend durch das verschwitzte Haar strich.

Die beiden Geistwesen verschmolzen ihr Bewusstsein zu einem Momentum. Dies geschah nicht sehr oft, eigentlich nur, wenn Korrekturen anstanden. Im Grunde waren diese Korrekturen strittig und entsprangen immer dem gleichen Dilemma: bewahren oder vernichten? Was war das höhere Gut? Und konnte man etwas bewahren, indem man den Dingen ihren Lauf ließ, was eigentlich der fundamentale Grundsatz des Universums war? Oder musste man eingreifen, Dinge bewusst in eine andere Bahn lenken? Durfte man vernichten, um zu bewahren?

Die Frage stellten sich die beiden Geistwesen bereits seit Äonen von Jahren. Sie hatten schon vor dem Urknall existiert und wussten auch, was nach dem Untergang dieses Universums geschehen würde. Sie waren maßgeblich an den Ursprüngen der Dinge beteiligt gewesen, wie sie sich ihnen nun darstellten. Doch immer wieder brachen sie ihre eigenen Grundsätze, um das Gleichgewicht herzustellen. Dann mussten sie vernichten, um zu bewahren, sonst würde die Veränderung zu groß werden. Das Negative musste sofort, wenn es sichtbar wurde, korrigiert werden. Der blaue Planet, das Experiment des Lebens, hatte sich selbst eliminiert. Exitus. Ein nicht umkehrbares Faktum. Doch der Erreger hatte sich aufgemacht, seine zerstörerische Art weiterzutragen und andere Räume zu infizieren.

Deshalb nun das Momentum. Ihnen war klar, dass ihre Entscheidung Mord bedeutete. Mit keinem anderen Wort konnte man das Auslöschen einer Rasse treffender bezeichnen, auch wenn diese nur noch aus zwei Einheiten bestand. Der Entschluss war gefasst. Sie mussten vernichten, um zu bewahren.

Jetzt waren sie schon mehrere Tage auf Gipsy. Die Temperatur war auf minus dreiundzwanzig Grad gefallen, und sie hatten sich wieder in ihre Überlebensanzüge geflüchtet. Die Tagphase war vorbei, die Gipsy-Nacht hereingebrochen. Vom Ufer des Sees aus betrachteten sie die sternenklare Nacht. Eine Art große Christbaumkugel war am Firmament heraufgezogen und hatte eine rötliche Decke über Gipsy ausgebreitet. Ein unglaublicher Anblick.

Schon fast zwei Stunden lang saßen sie hier und hatten kaum ein Wort miteinander gesprochen. Eva hatte sich an Lukas' Schulter gelehnt, während er seinen Gedanken nachhing. Am Abend des vergangenen Tages hatten sie sich das erste Mal geküsst, und ein warmes Gefühl der Verbundenheit hatte sie beide durchströmt.

Irgendwann lösten sie sich von dem Anblick der Gipsy-Nacht, den sie nun bis zum Ende ihres Daseins würden erleben dürfen. Sie gingen zurück zum Transporter, umarmten sich noch einmal und krochen dann brav in ihre Schlafrefugien – jeder in sein eigenes.

Ihr Verhältnis hatte sich in den letzten Tagen zusehends verändert: Sie hatten sich entspannt, respektierten einander und arbeiteten konzentriert – aber auch ihre Zuneigung war gewachsen. Und sie hatten viel Spaß miteinander. Heute hatte Eva eine gelb-schwarz karierte Markierungsboje aus dem Fundus des Raumschiffes gezerrt, war damit bis zur Mitte des Felsplateaus gegangen und hatte sie dort platziert. Lukas Palatiner war zwar nach umfassender Erkundung der Gegend ebenfalls der Meinung, auf diesem Felsen ihre feste Station zu errichten, in der sie fürderhin wohnen wollten, aber was sollte das mit der Boje zu tun haben? Er schaute sie fragend an.

»Hier entsteht die erste Stadt der Menschen auf dem Planeten Gipsy. Ich taufe sie hiermit auf den Namen Loffeld.«

Lukas Palatiner musste laut auflachen. Loffeld. Da hatte sie die Auswahl zwischen Neu Tokio, Neu London oder auch Neu Berlin, aber sie hatte sich für ihren kleinen Geburtsort in Oberfranken entschieden.

»Und diesen Hügel da drüben nenne ich Staffelberg. – Die Erinnerungen an Loffeld bei meiner Oma und an die Wanderungen auf den Staffelberg sind die schönsten an mein Leben auf der Erde«, fügte sie lächelnd hinzu.

Lukas Palatiner drehte sich kopfschüttelnd um und kümmerte sich wieder um seine Bodenproben.

Zwei Wochen später schliefen sie das erste Mal miteinander. Es war wunderschön und so selbstverständlich, als hätten ihre Körper ein Leben lang nur darauf gewartet, sich zu vereinigen. Es war so harmonisch und normal, dass sie es wieder und wieder taten, als müssten sie es für die ganze bereits ausgerottete Menschheit nachholen.

Einige Wochen später, am Mittag eines Gipsy-Tages, saßen sie wieder an ihrem See und betrachteten das schillernde Türkis der Ufer.

»Ich glaube, ich bin schwanger«, sagte sie unvermittelt und lächelte ihn an.

Einen Moment lang schwieg er verblüfft, dann lächelte auch er und nahm sie lange in den Arm. »Nun, dann ist es wohl an der Zeit, es unseren Eltern zu sagen«, meinte er schmunzelnd, woraufhin sie ihm lachend ihren Ellenbogen in die Seite stieß.

Die Geistwesen hatten ihr Momentum beendet. Sie spürten, dass der Erreger dabei war, sich fortzupflanzen. Die Veränderung musste eingeleitet werden.

In diesem Zustand waren sie nicht ausgeglichen. Niemand im Universum hatte das Recht, nach eigenem Ermessen zu töten, aber sie konnten das Dilemma auf keine andere Art lösen. Sie mussten bewahren. Also änderten sie ihre Ausrichtung und die energetische Verteilung ihres Bewusstseins. Auf dem Planeten würde sich alles Organische in seine ursprüngliche Energie zurückverwandeln und in den Kreislauf allen Seins aufgesogen werden. Die Geistwesen spürten die energetischen Ströme, die sie zu durchfließen begannen.

Eva war den ganzen Tag schon unruhig gewesen. Lukas Palatiner schob ihre Stimmung auf die hormonellen Schwankungen während der Schwangerschaft und versuchte sie zu beruhigen. Doch seine Taktik ging nicht auf: Eva fühlte sich den ganzen Tag schon beobachtet – und nicht nur von ihm. Objektiv betrachtet war das ein Ding der Unmöglichkeit, aber sie konnte sich gegen das bedrückende Gefühl nicht wehren. Schließlich

222

packte sie Lukas an der Hand. »Komm, wir gehen auf den Staffelberg.«

In schnellem Tempo erklommen sie die kleine Anhöhe neben ihrer Baustelle. Auf dem Gipfel drückte sie sich eng an ihn. »Halt mich fest, Lukas, halt mich einfach nur fest.« So standen sie dort, warteten und wussten nicht einmal, worauf.

Die Geistwesen waren so weit. Alles in ihnen konzentrierte sich auf die Veränderung – bis sie spürten, dass etwas nicht stimmte. Die Ströme flossen nicht so wie geplant. Ihre sie bestimmende Daseinsenergie folgte ihnen nicht länger. Sie konnten fühlen, wie ihnen nach und nach die Kontrolle entglitt. Das Dasein blähte sich auf und verwandelte sich, bevor es verging. Sie wurden in den Kreislauf allen Seins hineingezogen, aus dem sie vor langer Zeit entstanden waren. Ein letztes Mal flackerte ihr Bewusstsein auf, dann waren sie nicht mehr.

Eva Wehrfritz erschauerte, als ein Kribbeln ihren Körper durchlief, als hätte jede ihrer Körperzellen einen kleinen Stromstoß erhalten. Eine Sekunde später war alles vorbei, und sie verspürte nur noch eine unglaubliche Erleichterung.

Sie ließ Lukas los und berührte seine bärtige Wange. »Jetzt wird alles gut«, sagte sie lächelnd.

Er grinste zurück und strich ihr über den deutlich gewölbten Bauch. »Ja, alles wird gut«, sagte er.

Das alles umfassende Bewusstsein war nicht zufrieden, ganz im Gegenteil: Es war unglücklich. Eigentlich war es Mord gewesen. Niemand im Universum hatte das Recht, willkürlich zu töten, aber das Dilemma war anders nicht zu lösen gewesen. Die Veränderung musste verhindert werden, das allumfassende Bewusstsein hatte vernichten müssen, um zu bewahren. Jetzt war das Gleichgewicht wiederhergestellt.

Andererseits hatte das allumfassende Bewusstsein plötzlich ein merkwürdiges, ein seltsames, unbekanntes Gefühl. Als ob sich irgendwer oder irgendetwas Übergeordnetes mit seiner Existenz beschäftigte.

Objektiv betrachtet war das zwar ein Ding der Unmöglichkeit, schließlich konnte es keine Existenzen über ihm geben, aber es konnte sich nicht gegen dieses schwere, bedrückende Gefühl wehren.

Es war eigentlich unmöglich, und dennoch fragte sich das alles umfassende Bewusstsein, entgegen aller Logik und Erfahrung – konnte es sein, dass es gerade ausgelöscht wurde?

Der Mensch ist gut, nur die Leute sind schlecht.
Erich Kästner

Das waren die Mords Helfer ...

Mein herzlicher Dank geht an

meine Testlektoren/-innen:
Martina, Beate, Martin, Elke, Helga, Erwin, Heike, Maren, Theophelia, Wolfgang und Denise.

Sowie an:

den Bahnhof Ebing, die Gerichtsmedizin Dresden, den Verein Deutscher Karpfenzüchter, die Sternwarte Bamberg, »Staffelberg-Bräu« in Loffeld, »Otter Camping« in Nördlingen, die Duden-Redaktion, Lutz-Fleischwaren, das »Seehaus« am Nußhardt, das Bayerische Innenministerium, die Stadt Coburg, die Mainfrankensäle Veitshöchheim, das Erzbistum Bamberg, die Gemeinde Zapfendorf und die EADS Unterschleißheim.

Besonderer Dank geht an Josef und das »La Stazione« in Kaltenbrunn für die räumliche und kulinarische Nothilfe: immer ein Espresso zur rechten Zeit.

Dank und Anerkennung auch an meinen Verlag und die gestressten Übersetzerinnen im Kölner Lektorat. Fränkisch ist nun mal eine sehr anspruchsvolle Fremdsprache.

Zugabe

Der Franke –
Ein Erklärungsversuch in Reimen

Der Neuling

Der Franke, in die Welt gestellt,
bemerkt sofort, was ihm missfällt.
Er streckt heraus, noch klein und schmal,
den Kopf aus dem Geburtskanal.
Die Mutter schreit, es fließt das Blut,
was er da sieht, das ist nicht gut.
Er wird begrapscht, er wird gemessen,
und nirgends gibt es was zu essen.
Zu trinken gibt es auch nicht viel,
da kann er schrein, so viel er will.
Um die Hüften schnürt man Windeln,
das heißt, hier darf man auch nicht pinkeln.
So brüllt er sich in Wut und Rage
bis zur heimischen Garage.
Hinein dann in die guten Stuben
schleppt man den neuen Frankenbuben.
Stellt ihn hin mit dem Satz:
»Hier hast du deinen kleinen Fratz.«
Der Knabe brüllt, mit wildem Triebe,
scannt, was wohl neben der Wiege.
Sieht den Papa ihn froh betrachten,
tut auch den sofort verachten.
Dann, ganz plötzlich, fällt sein Blick
auf ein ganz besonderes Stück.
All sein Verlangen, all sein Sinn,
warum ich auf der Erde bin,
all sein Wollen, all sein Sehnen
sieht er neben dem Vater stehen.
Endlich darf der Knabe wissen,
warum er auf diese Welt geschmissen.
Plötzlich still ist es in der Stube hier,
denn …
der kleine Franke sieht sein erstes Bier.

Der Jahreskreis

Der Franke sitzt an einem Tisch,
die Luft ist warm, das Bier ist frisch.
Er grinst versonnen, selbstzufrieden,
kein schönern Ort es gibt hinnieden.
So sitzt er da an seinem Platz
und spricht nicht einen einzigen Satz.
Kühlen Schatten schenkt die Eiche,
auf dass er niemals von hier weiche.
Während manche Sorte Bier
perlt in seinen Adern hier,
wo Ruh und Friede sich überlappt,
sitzt er da wie festgepappt
in des Frühlings warmer Sonne
bis zur Sommer Sonnenwonne.

Der Juli geht, Oktober kommt,
und der gepappte Franke brummt:
»Erst der Sommer mit seim Staub,
jetzt der Herbst mit seim Laub.
Dass man nie in Ruhe trinken kann.«
Er zieht sich eine Jacke an.
Bald ist auch am Ausschank Ruh,
der Wirt sperrt seinen Keller zu.
Nur der Franke sitzt und trinkt,
auch wenn schon der Winter winkt.
Der Franke sitzt trotz Frost und Reif,
alle Glieder werden steif.
Er beschließt den Jahreskreis
am kahlen Baum und im Eis.
Der Schnee bedeckt ihn weiß und flockig,
doch weil's ums Bier geht, bleibt er bockig

Silvester geht er kurz aufs Klo,
Raketen störn ihn sowieso.
Dann setzt er sich wieder, neugeboren,
auf seinen Platz, wird festgefroren.
Fasching stört ihn auch nicht mehr,
dafür merkt er, sein Bier ist leer.
An Ostern wird es endlich wärmer,
im Keller stehn die ersten Schwärmer.
Der Franke sitzt und wartet drauf,
dass der Wirt sperrt endlich auf

Nach des Winters dunkler Zeit
sieht man den Franken, der sich freut.
Nach Monaten der Bierentbehrung,
nach kompletter Krugentleerung
seufzt er glücklich in des Frühlings Glanz:
»Wirt, noch aans!«

Muttertag

Der Franke schenkt zum Muttertag,
weil er seine Frau so mag,
weil sie putzt und schippt im Winter,
weil sie kocht, erzieht die Kinder,
einen schönen großen Strauß
mit vielen Blumen, das schaut was aus.

Die Frau im Laden sucht und bindet
alles, was sie sucht und findet.
Stolz stellt sie das Ungetüm
vor ihm auf den Tresen hin.
Endlich ein Mann mit richtig Mut,
der seiner Frau was gönnen tut.

»200 Euro, guter Mann!«
Der Franke fängt das Zittern an.
Die Frau daheim ihm zwar gefällt,
doch andrerseits, ihn reut das Geld.
Sofort beginnt der Stolz des Franken
bezüglich seiner Frau zu wanken

Es ist ja alles toll und fein …
Doch 's Essen könnte besser sein,
oft falsch gefaltet sind die Hosen,
als Erstes streichen wir die Rosen.
Auch am Bier tut sie gern sparn,
zupf und weg, der grüne Farn.

Auf dem Auto sind noch Schulden,
schnell entfernt sind alle Tulpen.
Der Rittersporn, stolz, groß und bunt,
den streichen wir ganz ohne Grund.
Zum Schluss gekappt, weil's auch zu viel is,
die teuren Blüten der Amaryllis

So steht am hohen Muttertag
ein Strauß vor ihr, wie er ihn mag.
Er schnitt am Flusse für sein Schätzchen
lange, dünne Weidenkätzchen.
Schneeglöckchen drum herum er band,
die fand er am Wegesrand.
Auch eine Tulpe ist dabei,
geklaut aus dem Garten der Metzgerei.
Als grünes Band, der Stiele Fessel,
verwendet er die taube Nessel,
die Frau ist stolz und tief gerührt,
der Franke ihre Liebe spürt.

Alles gut, die Frau ist willig
bis nächstes Jahr und dazu billig.

Der Franke

Der Franke ist, weil er was kann,
der einzig richtige Ehemann.
Hessen, Bayern, Württemberger
sind doch alles Spaßverderber.
Nur der Franke kann dir geben,
was du brauchst als Frau im Leben.
Nicht der Sex im Bett ist wichtig,
sondern ob er kann auch richtig
Fenster streichen, Hecken stutzen
oder auch die Bäder putzen.
Und bei allem ist er flott,
der Frau zu dienen ist sein Sport.
Jeder Auftrag, der begonnen,
erst wenn der Müll liegt in den Tonnen,
erst wenn die Frau schaut voll befriedigt,
gilt sein Tagwerk als erledigt.
Der Franke steht in Frauenfragen
ganz oben in den Hitparaden.
Auf der Welt kein andrer Mann
ihm das Wasser reichen kann.
Drum, Frau,
sei schlau,
wähle dir die Frankenmänner
und verscheuch die anderen Penner,
denn einen Haken der Geschicht
gibt es nicht ... Leider doch, denn ...

alles, was hier geschrieben ist,
ist von vorn bis hinten Mist.

Der Franke ist von allen Pennern
der Schlimmste von den Ehemännern.
Wirtschaft, Kerwa, Fußballsport,
dauernd ist der Franke fort.

Droht Arbeit gar im Hause hier,
geht sein Blick sofort zur Tür,
und schwupps, schon ist der Franke weg
und widmet sich nem schönern Zweck.

Nur im Bett kann er überzeugen,
Frauen tun sich gern verbeugen.
Nach dem Akt mit solchem Manne
sind sie meist Feuer und Flamme.
Kein gebräunter Italiener,
noch so schöner Hauteincremer
von dem Strand von Pipione
erzeugt bei Frauen solche Wonne

Doch gebremst wird die Begeistrung
nach der zirkusreifen Leistung,
wenn es kommt der Wahrheit Stunde
und er hört die frohe Kunde.
Ganz schnell er dann das Weite sucht,
nach Erzeugung der Leibesfrucht.

Die Fränkin

Suchst du eine Frau zum Mann,
schau dir mal die Fränkin an,
denn ist der Mensch als Frau geboren,
ist er meistens sehr verfroren.
Nicht dagegen das Frankenweib,
das hat einen anderen Leib,
besonders die dort leben oben,
wo die strengen Winter toben,
als da man nennt den Frankenwald.
Dort sind die Winter wirklich kalt,
die Frauen dort sind vielgestaltig,
selten runzlig, eher faltig,
haben ein robustes Wesen,
können kehren mit dem Besen.
Zum Modeln brauchst du sie nicht casten,
eher schon zum langen Fasten,
und im Winter, dem fränkisch kalten,
kannst du sie auch draußen halten.

Leib und Seele

Des Franken Seele ist verschieden,
doch irgendwie auch gleich geblieben.
Trotzdem gibt's in seinem Gemüte
feine und grobe Unterschiede.
Der Franke hat ja nicht nur Durst,
nein, er hat auch die Bratwurst,
und an diesen gefüllten Häuten
kann man die Franken unterscheiden,
ob Menschenfreund oder erbost,
alles erklärt der heiße Rost.

Zuerst das unterfränkische Gemüt
erklärt sich uns erst, wenn es glüht.
So wie das Land von Rhön bis Main,
so gemischt kann die Wurst dort sein.
Oben dünn, unten lang,
so schaun sich dort die Franken an,
mal mit Bier, mal mit Wein,
schiebt man sich die »Würschtlich« rein.
Sie schmeckt recht gut, selten fad,
der Abgang folgt am nächsten Tag.

Dem Mittelfranken seine Dinger
sind so kurz wie seine Finger.
Die Form ist immer klein und kläglich,
viel zu kurz und schmeckt unsäglich.
Drum ist die Wurst nach Nürnberger Sitte
so beliebt wie die Schweinegrippe.
So was macht ja niemand froh,
mit Mittelfranken ist es ebenso.
Willst du etwas Gutes speisen,
musst du zu den anderen reisen.

Man muss Gott für vieles danken,
besonders für die Oberfranken.
Hier stimmt alles, hinten, vorn,
der Geschmack, der Duft, die Form,
groß und prächtig selbstzufrieden
sieht man sie gegrillt dort liegen.
Bamberg, Hof oder Bayreuth,
diese Wurst hat nie gereut.
Gebrutzelt braun, leicht angebrannt,
da hast du was in deiner Hand.

So kannst' bei Würsten und von diesen
du auf deine Franken schließen.
So sind sie wohl recht unterschiedlich,
doch innen warm und meistens friedlich,
und kannst du sie dann inhalieren,
willst du nichts mehr sonst probieren

Doch wie gesagt, erspar dir Ärger,
vermeide tunlichst die Nürnberger.

Für M.

Der Franke ist in Liebesdingen
nicht auf den rechten Pfad zu bringen.
Meist kann er nicht auf Frauenfragen
auch das Richtige tun und sagen.
Er stolpert mehr, als dass er läuft,
der Kummer wird im Bier ersäuft.
Kurzum, das andere Geschlecht,
das versteht er nicht so recht.

Es dauert, bis es sich ergibt,
doch irgendwann ist er verliebt.
Sofort beginnt er sich zu quälen,
wird sicher falsche Worte wählen,
gibt sich männlich, ist jedoch
unsicher wie die Maus im Loch.
Er spürt, wie doch die Liebe mächtig,
sein Mut, der bleibt ganz klein und schmächtig.

Da steht die Frau, die er erwählt,
und wird von ihm so sehr gequält.
Es gibt ein Hott und mal ein Hü,
und alsbald verzweifelt sie.
Es tut ihr in der Seele leiden,
doch von dem Typen muss sie scheiden.
Die tolle Frau ist voll Verdruss
und macht dann mit dem Franken Schluss.

Schwupps eilt ein andrer Kerl ums Eck,
der nicht so schüchtern, sondern keck,
der entführt des Franken Liebe,
dessen Herz kriegt richtig Hiebe.
Traurig steht er, still und stumm,
einsam in der Gegend rum,

und in seines Herzens Grund
ist ein großer, schwarzer Schlund.

So ist das, mit dem Zaudern, Zagen,
kommt er halt in Frauenfragen
nicht an Wunsch und Zieles End,
er hat diese supertolle Frau verpennt.

Hochfranken

Die Menschen arm,
im Herzen warm.
Ansonsten
ist der Frankenwald
kalt.

Grenzland

Früher
starrte der Franke
gebannt
an die Wand
hinter seinem
Haus
und kam nicht
nach drüben
über die Grenze
hinaus.

Vereinigt
guckt der Franke
mit Grant
auf den Schmutz
an der Wand
von seim Haus,
drüben
strahlt der Putz
hell und weiß,
das war der Preis.

Jetzt
schaut der Franke
immer mehr
in die Löcher
von seim holprigen
Teer
und wünscht sich
heimlich
die Grenze
wieder her.

Heilige Wandlung

Der Franke ist zwar alkoholisch,
andrerseits auch sehr katholisch.
Als Kind schon der Gedanke plagt,
du tust, was dir die Kirche sagt.
Du denkst nicht nach, ob falsch, ob richtig,
in Franken ist die Kirche wichtig.
So mühst du dich ein jedes Mal
durch der Messe zeitliche Qual,
schaffst es sogar mit viel Aufwand
bis zum Oberministrant,
plagst dich mit den Messgewändern,
später willst du was verändern,
stellst jedoch sehr bald schon fest,
dass du das wohl besser lässt.
Im Verein von den Katholen
wird von oben nur befohlen,
unten geht die Kirchenmaus
in die Kirche rein und raus.
Doch immer mehr gehn raus statt rein
und lassen Kirche Kirche sein.
Der Glaube bleibt in ihrem Herz,
aber auch ein dumpfer Schmerz.
Es ändert sich im Klerus
erst, wenn der erkennen muss,
dass die Zahl der Würdenträger
ist mehr als die der Kirchenbeter.
Der Franke war mal sehr katholisch,
jetzt ist er nur noch alkoholisch

Berufung

Im Innern unsrer Körpersäfte
wirken ganz besondre Kräfte,
die uns dann zu Menschen formen,
manchmal auch zu ganz abnormen,
diese fühln sich dann gerufen
zu entsprechenden Berufen.

Der Kaplan im Messgewand
hat im Leben gleich erkannt,
was sein Lebenszweck und Sinn,
und wandte sich der Kirche hin,
hat im Priesterseminar, dem bunten,
hübsche Gleichgesinnte gefunden.

Doch nun sind seine Spielgefährten
weit verstreut auf dieser Erden,
drum braucht er in der Pfarrgemeinde
möglichst bald ganz neue Freunde,
drum widmet er sich mit großer Freude
der Jugendarbeit in diesem Gebäude.

Einst schwor er Ehelosigkeit,
doch hat er sich großzügig davon befreit,
dass sein katholischer Männertrieb
weiterhin ohne Männer blieb.
So kann er nun im Beichtgestühl
sein, was er ist, nämlich pädophil.

Was stört ihn dann das Zölibat,
wenn er genug Ministranten hat.

Die teure Kette

In Bamberg baut man eine Brücke,
verbunden mit ner Finanzlücke,
die zu schließen scheint nicht schwer,
von irgendwo kommt's Geld schon her.
Jedoch erhöht sich jede Zahlung
mit Fortschreitung der Brückenplanung,
die Brücke groß, die Lücke größer,
die Bamberger wern immer böser.
Der Kostenplan läuft aus dem Ruder,
wegen dauerndem Geschluder.
Nicht dass das irgendwen erschreckt,
kassieren tut der Architekt.
Es zieht sich hin der Brückenbau,
und jeder weiß es ganz genau,
da braucht man niemanden zu schonen,
hier versenkt die Stadt Millionen.
Zehn warn einmal ausgemacht,
zwanzig hat man dann geschafft.

Dafür kriegt man, ist euch das klar,
einen Haufen Bier auf der Sandkerwa,
oder man tut Sachen machen,
wie den Plärrer zu überdachen.
Clever ist auch die Idee
wegen diesem lästigen Schnee
gegen eine Hustenreizung
für 'n Maxplatz eine Fußbodenheizung.
Schön wär auch in diesem Falle,
das wär doch wirklich was für alle,
die Konzerthalle zu verschieben,
einen Meter nach links fänd ich nicht übertrieben.
Oder man könnte für die zehn Millionen
am Ende auch nur die belohnen,

die statt Finanzierungslücke
einfach nur bauten, ne schlichte Brücke

Doch hätte, könnte, sollte, vielleicht,
dafür hat's halt nicht gereicht.
Der Bamberger bleibt hoch gereizt,
der Maxplatz dafür unbeheizt.

Markt Rattelsdorf

Die Franken
hier
an diesem schönen Platz,
mit dem vielen Grün und
Bier,
ein kleiner Schatz.
Statt dass sie
ihrem Herrn und Schöpfer
dafür danken,
was tun sie …
zanken.

Der Angler

Der Angler starrt mit viel Verdruss
und harrt der Fischlein in seim Fluss.
Da sitzt er nun an seinem Ort
und spricht dort kein einziges Wort,
abgesondert von der Welt,
dies genau ihm so gefällt.
Missmutig auf die Welt gesetzt,
im Leben öfter mal verletzt,
sehnt er sich, tagein, tagaus,
hinein ins eigene Schneckenhaus,
um zu träumen ganz allein,
dieses Wasser ist jetzt mein.
Weder Frau noch Telefon,
keine Kids, wer braucht die schon.

Gegen solch Belastungsqual
hilft dann immer, jedes Mal,
der Rückzug in den Ufersessel.
Da stört nichts außer der Brennnessel,
dort sitzt man dann recht unbeschadet,
am Haken gern der Wurm sich badet,
entrückt ist man beim Angelsport
von einer Welt, die bedroht
mit nervig lästiger Kommunikation,
mit der Frau oder dem Sohn.
Außerdem ist man befreit
von körperlicher Lustbarkeit,
denn im Kreise seiner schuppigen Lieben
muss man ja nur die Angel hochkriegen.

So starrt der Angler in seiner Welt
aufs Wasser, was ihm sehr gefällt.
Niemand stört den schönen Schein,
da fährt von links ein Boot herein.

Freundlich grüßt die Paddlerschar,
dem Angler sträubt's das lichte Haar.
Wie weggeblasen seine Stille,
die er gebaut nach seinem Wille.
Zerstört von diesen Terroristen
in ihren schwimmenden Paddelkisten.
In seiner Seele wird es dunkel,
es bilden sich Gemütsfurunkel,
es schwillt der Kamm, es pocht das Blut,
der Angler steigert sich in Wut.

Doch bevor die Wutkernspaltung
kommt in ihm zur Vollentfaltung,
ist das Boot schon außer Sicht.
Seine Wut erreicht es nicht,
so verpufft der ganze Zorn,
und der Tag ist nun verlorn,
dahin die schöne Einsamkeit,
dumpfer Ärger macht sich breit,
dieser Tag nicht zu gebrauchen,
den kann er in der Pfeife rauchen.
Er packt die Angel und den Wurm
ins Auto und fährt gleich zum »Sturm«,
seines Zeichens Wirt und Brauer,
dort geht man hin bei Anglertrauer.

Er setzt sich an die hinterste Bank,
bestellt ein Seidla vom Ausschank,
stellt sich vor, er wär am Ufer
ohne lästige Zwischenrufer,
die ihn störn an seinem Platz,
und wieder spricht er keinen Satz,

sitzt virtuell an seinem Fluss
bis zum dunklen Tagesschluss,
starrt in seinen Krug hinein,
es könnte ja ein Fisch drin sein.

Bedient

Den Itzgrund muss man wirklich preisen
für die Wirtsleut, Bier und Speisen,
so hat man dann die Qual der Wahl,
um zu entscheiden das Lokal.
Ist dann auch ein Tisch gefunden,
hat die Bedienung hergewunken,
kommt der Kellner schon herbei,
um zu notiern die Bestellerei.
»Bruno« steht auf dem Namensschild,
nervös er mit dem Bleistift spielt.
»Und, haben Sie gewählt?«,
fragt er lässig und erzählt
ohne Pause und toujour,
warum's hier gibt eine Speise nur.
Nach zwanzig Minuten Sprachgebrauch
reicht es ihm, mir aber auch.
»Herr Kellner«, unterbrech ich auf höfliche Weise,
»in Gottes Namen, ich nehm diese Speise.
Außerdem wurde mir erzählt,
dass, wenn man hier hat gewählt
und man der Bedienung gefällt,
kriegt man umsonst ein Bier hingestellt.«

Bruno eilt, bringt das Besteck,
das Bier ist gut, aus Freudeneck,
das Essen dauert etwas länger,
die Küche hat wohl einen Hänger,
obwohl die Zutaten sind leidlich bekannt
aus dem vereinigten Umland.
So hungre ich, es kohlt der Dampf,
und warte auf den Küchenmampf.
Doch vergeblich war mein Wählen,
auch nach stundenlangem Quälen
oder Rufen nach dem Essen

muss ich wohl mein Mahl vergessen.
Das Einzige, was ich erblickte,
waren ein paar ungeschickte
Köche aus dem Umland.
Aus der Küche riecht es angebrannt,
das Essen wohl ziemlich ungenießlich,
die Umlandköche schaun verdrießlich.

Nicht nur das, man will mir drohen,
weil ich nicht mag den Pampf, den rohen.
Na gut, womöglich schmeckt es mir,
vielleicht geht's ja mit ganz viel Bier.
Doch das Essen ist nicht zu gebrauchen,
selbst nach einer Stunde Saufen.
Schließlich geh ich tief frustriert,
am Ende aber ungeniert,
hinaus aus diesem Wahllokal
und dachte mir, die könn'n mich mal.
Der Kellner wird mich nicht mehr quälen,
das nächste Mal werd ich mir
einfach ne andre Bedienung wählen.

Die Rache des Literaten
(Ode an meinen Verleger)

Ein Autor fränkischer Romane,
auf dass er endlich konkret plane,
was er nun statt Mordgeschreibsel
als allerletztes Überbleibsel
seinem Chef und Halsabschneider,
seines Zeichens Verlagsleiter,
anzutun gedenke
als finales Mordgeschenke.

Seit Jahren schreibt der arme Knecht
Romane, meist mehr schlecht als recht,
fühlt sich verkannt von den Kritikassen,
andere bejubeln die Massen,
nur er wird nie in der Zeitung benannt,
sein Genie total verkannt,
ist seines Lebens nicht mehr froh,
denkt an den Tod in H_2O.

Doch eh er geht von dieser Welt,
die nichts von ihm als Autor hält,
wird vor ihm noch das Leben scheiden
aus des Verlegers Eingeweiden.
Mit dem Messer wird er stechen
in das Herz aller Verbrechen,
ein Stich, ein Schrei, dann ist's vorbei
mit der verlaglichen Tyrannei.

Schon in Freude auf das Meucheln
tut er auf der Treppe streucheln.
Wie im Schreiben, ungeschickt,
er sich nach der Klinge bückt.

Des Messers Schneide dringt mit Kraft
und cancelt ihm den Lebenssaft.

So endet er, obwohl verkannt,
auch zum Schluss als Dilettant.

Das Ende

Der Franke auf dem Sterbebett
fand sein Leben eigentlich nett.
Kinder wurden ihm geboren,
der Club hat auch nicht immer verloren.
Also, wenn er's recht bedachte,
war's gut, was er auf Erden machte.
Das Einzige, was ihn je gereut,
war das Bier, das er herausgespeit.

Helmut Vorndran
DAS ALABASTERGRAB
Broschur, 368 Seiten
ISBN 978-3-89705-642-8

»*Modern und hochpannend erzählt.*« Bayerisches Fernsehen, Abendschau

»*Ein Krimi, wie er sein sollte: Spannend von der ersten bis zur letzten Seite.*« Fränkischer Tag

Helmut Vorndran liest:
ALABASTERGRAB
Hörbuch, 5 CDs,
ca. 380 Minuten
ISBN 978-3-89705-804-0

»*Ein ganz besonderes fränkisches Schmankerl.*«
Neue Presse Coburg

»*Absolut hörenswert!*« Bamberger Stadtmagazin

Helmut Vorndran
BLUTFEUER
Broschur, 400 Seiten
ISBN 978-3-89705-728-9

»Wer sich ins ›Blutfeuer‹ begibt, sollte mit einem ausgeprägten Sinn für skurrilen, tiefschwarzen Humor ausgestattet sein. Denn der Öko-Thriller eskaliert zum satirisch-sarkastischen Action-Krimi, der von der Provinz-Posse bis zur Splatter-Orgie so ziemlich alle Register zieht – ein B-Movie zum Lesen, sozusagen.«   Neue Presse

»Bizarre Todesfälle, viel Lokalkolorit und schwarzer Humor sind die Zutaten. Ein Krimi, den man wegen seiner jenseitig abstrakten Handlung im vertrauten Diesseits lieben muss.«   Fränkischer Sonntag

www.emons-verlag.de